엄마도 때론
혼자이고 싶다

# 엄마도 때론
# 혼자이고 싶다

**초판 1쇄 인쇄** _ 2019년 10월 10일
**초판 1쇄 발행** _ 2019년 10월 20일

**지은이** _ 온기

**펴낸곳** _ 바이북스
**펴낸이** _ 윤옥초
**책임 편집** _ 김태윤
**책임 디자인** _ 이민영

ISBN _ 979-11-5877-128-7 03180

**등록** _ 2005. 7. 12 | 제 313-2005-000148호

서울시 영등포구 선유로49길 23 아이에스비즈타워2차 1005호
**편집** 02)333-0812 | **마케팅** 02)333-9918 | **팩스** 02)333-9960
**이메일** postmaster@bybooks.co.kr
**홈페이지** www.bybooks.co.kr

**책값은 뒤표지에 있습니다.**
**책으로 아름다운 세상을 만듭니다. — 바이북스**

혼자여서 고맙고 함께여서 감사한 순간

# 엄마도 때론
# 혼자이고 싶다

온기 지음

바이북스
ByBooks

자주 가던 커피 집이 문을 닫았다.

버스를 타고 다섯 정거장 가야 하고 실내가 다소 작아서 몇 사람이 앉으면 들어설 데가 별로 없었지만 주인장의 커피 내리는 드립 솜씨가 자주 발길을 향하게 했다. 다락방 같은 분위기가 나는 그곳에 가면 어릴 적 골방에 들어가 낮잠을 자곤 했던 그때의 기분이 들며 편안한 냄새가 난다.

주인장이 커피를 내리는 순간을 뚫어져라 지켜보곤 했다. 예순을 훌쩍 넘어 서울에서 지방으로 찾아든 주인아저씨는 커피가 좋아서 커피를 찾아다니고 배우다가 월세가 부담스럽지 않은 장소를 찾아 아예 가계를 차렸다고 했다. 드립 손님이 찾아오면 아저씨는 핸드드립 주전자를 멋들어지게 들어올려서 쪼르르 물을 따르며 기계에 잰 듯이 정확히 따르다가 맺음을 한다. 커피를 정말로 사랑하는 정성이 느껴져서 사랑받은 커피를 마시는 느낌이 들곤 했다. 참새가 방앗간 찾아들 듯이 입과 마음이 심심하면 찾던 곳인데 그곳이 문을 닫았다. 유리창에는 '임대문의'가 크게 붙여져 있었다. 커피에 대한 상식이면 거칠게 없던 손맛 좋은 주인장 아저씨도 바로 옆에 들어선 대형 브랜드커피숍에 밀려서 결국 손을 들고 말았다.

다시 갈 곳을 잃었다. 내겐 횡재한 것 같은 기분이 드는 사람냄새

물씬 나는 커피숍이었는데 다시 자리를 틀 곳을 찾아봐야 했다. 삼주 정도 못 와본 사이에 벌어진 일이라 그간 감사했다고 인사조차 전하지 못한 게 내내 마음에 걸렸다. 혼자서 돌아다닐 때는 내 취향, 내 기분, 내 마음에 자주 몰두가 되어서 내가 좋은 느낌이 들면 주저 없이 들어가기에 본연의 내 취향에 맞는 곳을 운 좋게 발견하게 될 때가 가끔 있다. 이 커피숍도 웬지 끌리는 느낌이 좋아 들어갔다가 글도 쓰고 멍도 때리고 음악을 듣는 장소로 둥지를 틀었다. 7개월을 그렇게 허물없이 드나들었는데 사람 좋은 주인아저씨는 어디론가 사라지셨다. 스타벅스가 들어서면서부터 매상이 안 올라 걱정이라고 말한 지 4개월 만이었다.

내겐 다락방 같은 곳이 없어지니 서운하기 그지없었다. 혼자일 때 혼자인 사람을 위로해주던 것 중 '공간'이 주는 힘은 대단한 다독임이었다. 나는 다시 또 다른 공간을 찾아 헤맬 것이고 지나간 공간을 그리워할 것이다. 매 순간을 차지하던 내가 있던 그 순간의 공간 하나하나는 잊혀지거나 다시 찾거나 그리워질 것이다. 그런 공간 하나하나에 내 숨결을 남기고 내 기분을 흘리고 내 느낌을 글로 적곤 했다.

엄마와 나, 그리고 아들. 이 세 사람이 주로 등장하면서 혼자일 때 내 공간을 머릿속에서 채우곤 했던 사람들을 글로 하나씩 끄집어내

5

보기로 했다. 기획도 없고 스토리의 짜임새도 치밀하게 생각해본 적이 없었다. 유난히 치열하고 더웠던 여름부터 시작해서 가을까지 노트북을 펼치고 무작정 쓰기로 했다. 글을 쓰며 나에게 말을 걸곤 한다. '그때 그랬었구나.', '그때 넌 아팠구나.', '그때 넌 참 외로웠구나.' 그때 가주던 시공간의 기억이 지금의 나에게 찾아와 질문을 하기도 한다.

내가 잃어버리고 살았던 것들. 내가 잊고 살았던 것들, 기억하고 싶지 않아 애써 지웠던 것들, 그리고 아스라이 그리워서 마음이 뽀얗게 연기처럼 차오르는 것들.

아침에 눈을 뜨면 너무도 선명한 아침이 오는 것을 느꼈으면서도 인생은 나에게 종종 밤인지 새벽인지 구별하기 힘든 안개 같았다.

햇살이 눈부신 아침에도 태양은 내 마음이 허락해야만 나한테 뜬다는 것을 나이가 들어감에 알았다. 빛조차 부담스러운 어느 날에는 그날이 흐렸는지 맑았는지조차 모르게 그냥 밤안개 같은 공간을 떠돌며 일상을 살기도 했었다. 독수리 타법으로 검색질만 겨우 하던 내가 노트북을 펴고 키보드를 두드리기까지 그리 많은 시간이 필요하진 않았다.

흘러가는 내 감정과 생각을 기록해보기로 했다. 무의미한 하루는 내가 만드는 것이지 누군가 내게 억지로 주어진 형벌이 아니었다. 돌아보니 나는 무의미하게 시간을 때우고 있는 내 자신이 가장 견디기 힘들었는지도 모른다. 그렇다면 나는 나에게 의미를 주면서 성장시키기로 했다. 생각과 쓸쓸함이 많았던 타고난 정서에다가 살아오면서 걸러내거나 익숙해지거나 새로 깨우친 나의 일상의 스토리들을 생각나는 대로 엮어보기로 했다.

나처럼 지금 이 순간 어느 공간에 앉아 있는 혼자인 엄마이거나, 혼자인 엄마를 지켜보고 있는 딸이거나, 혼자인 아들을 응원해야 하는 엄마들과 찐하게 커피 한잔 하고 싶은 어느 오후다.

때론 아무 말 없이도 통하는 감정의 교감은 천 마디 응원의 말보다 더 힘이 세다.

한때는 평범하게 묻혀질까 봐 그게 싫었다. 지금은 이 평범함이 참으로 감사하다. 혼자서 할 수 있는 그 많은 사소하고 잔잔한 것들에게 그저 고맙다.

# 차례

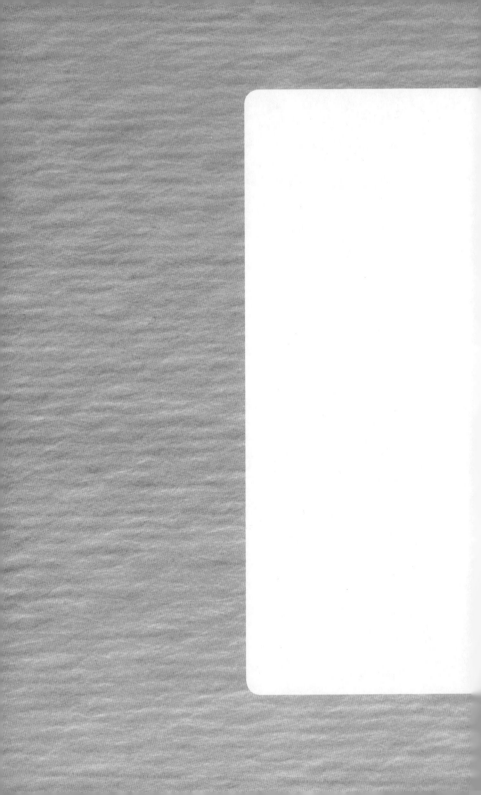

# 1장

# 나를 이해하게 만드는
# 혼자라는 시간

# 엘리베이터에
# 갇혔다

엘리베이터에 갇혔다. 몇 달 전부터 자주 고장이 나더니 사람이 갇히게 되는 첫 주인공이 내가 될 줄은 꿈에도 생각 못했다. 10분 만에 풀려나긴 했지만 10분이라고는 믿기지 않을 만큼 긴 시간이었다. 10층에서 멈추었으니 만약에 줄이 풀려 떨어진다면 나는 어떤 형태로 쓰러져서 발견될까를 먼저 생각하게 되었다. 영화를 많이 본 게 화근이다. 일어나지도 않을 확률이 훨씬 더 높은 일에 대해서도 상상은 온갖 최악의 시나리오를 떠올리게 하곤 한다. 어떤 영화인지 가물거리긴 하나 엘리베이터가 추락했을 때는 근육질의 잽싼 남자들도 처참하게 발견되는 장면을 기억했다. 그 순간에도 덜 망가진 채로 발견되어지는 주검을 생각하며 자세연습까지 해보았다. 핸드폰도 집에 두고 나온 터라 혹시 모를 비장한 최후의 메시지를 누구 하나에게라도 남길 수도 없었다.

아무런 준비도 되지 않은 채 세상을 떠난다는 것은 참으로 허망하고 덧없는 사건이다. '이럴 줄 알았으면 어제 아들한테 사랑한다고 말해줄걸' '사달라는 바지 사주고 운동화까지 세트로 사줄걸' 퉁퉁거리던 고2의 아들한테 똑같이 퉁퉁거리며 맞대응한 어제의 쇼핑사건이 먼저 생각났다. '곗돈 털어서 로마라도 다녀올걸' 미루고 미루던 유럽 여행도 아쉬웠다.

잠깐이지만 참 답답하게 살아왔구나 싶었던 나의 일대기가 순식간에 스캔이 되며 떠올랐다. '하고 싶은 것, 하고 싶은 말, 하고 싶었던 행동을 나는 왜 누르고 억압하며 살아왔을까' 그 어느 것도 내가 후회하지 않을 것들이 없었다.

가장 후회되는 것은 내가 나에게 솔직하게 살아오지 않았다는 것이다. 안 힘든 척, 안 아픈 척, 아무렇지도 않은 척, 모르면서 아는 척, 알면서 모르는 척. 행동하기보다는 생각을 했다. 생각을 많이 하는 것은 신중한 것이라고 또 생각했다. 생각으로 나라도 세우고 나라도 망가뜨리고 이웃 나라까지 침범했다가 다시 세계 평화를 구축하는 생각으로 안정된 결단을 내리며 원점으로 돌아오곤 했다.

내가 알고 있는 세상은 직접적이든 간접적이든 내가 듣고 보고 경험한 것이 다인 세상이다. 생각만으로 우물 밖을 벗어나기에는 개구리가 한계가 있다는 것을 알면서도 난 내가 경험한 작은 세상에 갇혀서 호불호가 정확한 사람이고 주관이 뚜렷한 소신 있는 사람이라 생각했다.

정답이 무엇인지 모르면서 '이것이 정답이다'를 강요하며 스스로가 아는 것이 맞다고 합리화하며 살았다. 아들을 사랑하는데 난 왜 아들을 미워했을까? 아들은 내가 원하는 대로, 내 생각대로 움직여 주지 않았다. 내 사랑이 아들을 위한 사랑이 아니라 내가 옳다고 생각하는 '그 생각'에 갇혀서 아들을 판단했다. 학생은 이래야 하고 저래야 하고 그래야 맞다는 생각에 갇혀 있었다. 아이의 미래를 위한 걱정이라고 이것이 부모의 사랑이라고 생각하며 내가 생각하는 그 틀에 가두려 했을 뿐이다. 그래서 생각이 틀린 사람들이 만나면 갈등이 끊이지 않는 법이다.

열여덟 아들이 본 세상은 아직 사회에 길들여지지 않은 날것 그대로의 감정이다. 다듬어지지 않은 생각에 호르몬 폭탄이 터지는 시기이니 무분별해지기도 하는 것이고 강요되는 많은 시스템들이 불만일 수밖에 없는 것이기도 하다.

"왜 공부를 해야 하는데요?"

"그럼 아빠는 왜 회사를 다녀야 하는데? 엄마는 왜 너에게 빨래를 해주고 밥을 해주어야 하는데? 다 각자의 역할이 있기 때문이야. 넌 학생이야. 공부도 때가 있는 거라고. 그나마 불확실한 미래에서 공부는 일종의 보험 같은 거야. 공부 잘한다고 미래가 보장되고 못한다고 미래가 잘못되는 것은 아니지만 적어도 안 해놓고 나중에 후회하는 것보다는 해놓고 나서 네가 하고 싶은 일을 하는 게 훨씬 나아. 준비된 자와 준비되지 않은 자는 나중에 정작 하고 싶은 것을 할 기회가 왔을 때 선택 할 수 있는 게 하늘과 땅 차이야. 엄마가 살아오면서 후회하고 깨달았기에 너에게 이러는 거야. 다 너 잘되라고."

"그니까 그건 엄마 생각이잖아요. '나는 이렇게 살아왔기에 이게 맞는 거 같으니 너도 따라라.' 근데 난 엄마나 아빠가 아니잖아요."

"엄마는 네가 행복하기를 바라. 그렇다면 자식이 행복한 미래를 살기 위해서 좀 더 나은 방향으로 이끌어 주고 싶은 거야."

"그런데 난 엄마가 현재 이러는 게 전혀 행복하지 않은데요."

"그럼 어떻게 해야 네가 행복한데?"

"날 가만히 내버려두는 거요. 한심한 눈이나 걱정스러운 눈으로 쳐다보지 않는 거요."

"너의 미래가 달려 있는데 어떻게 걱정스러운 마음이 안 생기겠니. 내 자식인데."

"그러니까 그 미래를 왜 엄마가 살아온 대로 판단하시냐고요, 내 미래인데. 난 엄마하고 생각이 다른데."

"엄마라서 그래! 남이면 좀 더 객관적으로 판단하고 이성적으로 널 대할 수 있는데, 네가 뭘 하든 가만 내버려둘 수 있겠지만, 내 새끼라서 혹여 나중에 땅을 치고 후회하며 울까 봐 그래!"

이쯤 되면 이성이고 나발이고 내 논리에 막혀서 감정이 새어 나온다. 차분했던 목소리는 점점 톤이 올라간다.

"근데, 엄마 내가 혹시 내일 죽을 수도 있잖아요. 길 가다가 차에 치일 수도 있고, 예측하지 못한 무슨 일이 생길 수도 있고, 사람 일은 모르는 것이라면서요. 그럼 엄마가 외치는 내 행복은 대체 뭐가 되는 거예요?"

"…."

15

"거봐요, 할 말이 없으시잖아요."

"왜 그런 말도 안 되는 극단적인 상황설정을 하니? 그런 식으로 생각하면 사람들은 오늘 막 자기하고 싶은 거 다 하며 함부로 사는 세상이 되는 거야."

그런 말도 안 되는 극단적인 상황을 엘리베이터 안에 갇혀서 난 겪고 있었다. 갇히고 몇 분 후는 불도 꺼져서 깜깜해졌다. 핸드폰조차 없어서 말 그대로 칠흑 같은 어둠속에서 공포는 배가 되고 '떨어질 때 얼마나 아플까? 내 죽음은 어떤 고통으로 다가올까'에 대한 두려움이 먼저 잠식했다. 동시에 해보지 못한, 혹은 하려고 했으나 미루었던 많은 후회스러운 것들로 순식간에 오만 가지 생각들이 스쳐갔다.

문이 열리고 경비아저씨와 엘리베이터 회사의 로고가 박힌 유니폼을 입은 남자가 보였다. 사람이 이토록 반가울 수 있을까? 다리에 힘이 절로 풀렸다. 눈물보다는 '살았구나'에 대한 고마움이 먼저 찾아들었다. 그대로 아파트 놀이터 벤치에 앉아서 멍하니 저물어가는 하늘을 올려다보았다.

내가 만일 오늘 그렇게 죽었다면 아들은 얼마나 울까. 엄마는 얼마나 애통해할까. 남편은 얼마나 슬퍼할까. 난 아무에게도 사랑한다는 깊은 표현을 제대로 하지 못했다. 꼭 말을 해야 아는 것은 아니겠지만 어느 순간부터 난 가족에게 사랑한다는 표현을 마음껏 해주지 않고 살게 되었다.

내가 생각하는 사랑은 대체 어떤 것이길래 그 좋은 단어가 나를 그렇게 무겁게 짓눌렀을까. 엘리베이터 안에 갇혀서 난 미래를 더 제대로 설계하지 못하며 산 것을 후회한 것이 아니라 그때그때 주어진 현재의 모든 시간들을 편안하고 즐겁게 누리지 못한 것들을 후회했다. 해보고 싶었지만 걱정에 사로잡혀 시도조차 하지 않은 것들을 후회했다.

내일을 두려워하며 오늘을 행복하게 살지 못했던 그 많은 생각들을 후회했다. 보고 싶었던 것들을 보지 않고 미루었던 것을 후회했다. 내가 후회한 것들은 '내가 학창시절에 공부를 더 열심히 했더라면 지금은 번듯한 직장에서 퀄리티 높은 커리어를 쌓으며 인정받는 사람이 되지 않았을까'에 대한 것들이 아니었다.

로마 한번 못 가보고 죽는 것, 아들을 있는 그대로 존중해주지 못한 것, 엄마에게 사랑한다고 맘껏 안아주지 않았던 것, 십만 원짜리 일식집 쿠폰 못쓴 것, 맘먹고 사서 모셔놓고 아직 못 입어 본 원피스. 너무나 사소하고 현재에 충실한 것들이었다.

아들이 식탁을 두드리며 아기공룡처럼 울부짖던 그날 이후로 마음이 많이 부드러워졌다지만 그래도 나는 많이 내려놓지 못하고 극히 일부만 내려놓은 채 혹시나 하는 기대를 저버리지 않았다. 그 혹시나는 또 언젠가는 몸을 부풀려 거대해지면서 다시 원점처럼 돌아갈지도 모른다는 것을 알고 있었다.


엘리베이터에 갇혀서 두려움 끝에 미리 상상했던 최악의 부정적인 시나리오들은 불과 10여 분 만에 아무렇지도 않게 아무것도 아닌

17

것이 되어서 다시 일상으로 돌아왔다.

　내 생각에 갇혀서 아들의 장래 시나리오를 가장 부정적으로 상상했고 그로인해 걱정을 달고 살았다. 엄마라는 이름으로 거침없이 아들의 행복을 내 멋대로 재단했다. 엘리베이터 밖으로 나온 난 엘리베이터 안에 갇혀서, 생각 속에 갇혀 있던 나를 보았다. 나를 제대로 들여다볼 수 있는 기회가 있다는 것은 너무나 멋진 일이다. 놀라지 않았냐고 물어보는 아들에게 씨익 웃었다. 점점 마음이 편안해지고 있었다.

# 아들도
# 엄마도

아들은 어렸을 때부터 남달랐다. 어쩌면 남달랐다고 착각하며 사는 고슴도치 엄마였는지도 모른다. 네 살 때 세계국기 카드를 보여주면 막힘없이 300여 개가 넘는 나라의 국기를 읊어대고 한글도 힘들이지 않고 뚝딱 떼면서 속으로는 우리 아이가 영재가 아닐까 내심 기대를 넘어서 확신을 하기도 했었다.

암기가 빠르고 언어가 빠르고 표현력도 제 나이 또래보다는 우수했다. 기대치는 높아져 갔고 그만큼 집으로 불러들이는 사교육 선생님들도 늘기 시작하였다. 택배상자로 책 박스들이 배달되어져 왔고 진열장에 꽂혀 있는 책을 보면서 마치 우리 아이의 일용할 양식을 보는 기분으로 흐뭇해하곤 했었다.

아이가 초등학교에 올라가고 똑똑하다는 소리를 여기저기서 듣기 시작하면서부터 나는 좀 더 열성적인 엄마로 변해가고 있었다. 학급임원을 놓친 학년이 없었고 학교의 각종 교내상 교외상을 휩쓸면서 우리 집 벽 한 면은 상장으로 빼곡히 도배되기 시작했다.

학년이 올라갈수록 업그레이드되는 담임선생님들의 칭찬을 들을 때마다 내가 칭찬이라도 받은 양 뿌듯해했다. 적어도 초등학교 6학년 때까지 우리 아이는 공부가 제일 쉬운 아이인 줄 알았다.

아이가 중학교 1학년이 되면서 세계창의력 대회에 나가게 되었다. 미국에 일주일을 다녀온 후 아이에게 변성기란 손님이 찾아왔다. 그리고 말수가 점점 없어져가던 아들은 이어폰만 끼고 살았고 다니던 학원들은 시큰둥하게 외면하기 시작했다. 모든 과제를 일절 하지 않기 시작하면서 점점 학교에서 엎드려 자는 시간이 늘어났다. 사춘기려니 했다. 성적 한번 말아먹은 것은 얼마든지 마음만 먹으면 복구되는 아이니 이 또한 지나가리라 생각했다. 하지만 점점 시간이 갈수록 아이는 침묵과 반항으로 빠져들었고 나는 점점 날카롭고 신경질적인 엄마로 변해가기 시작했다. 우리 아이는 특목고 정도는 아무렇지도 않게 가게 될 줄 알았다. 초등학교 6학년 때《수학정석 – 실력》을 풀면서도 반 이상은 맞던 아이라 이 정도는 나중에 얼마든지 복구될 수도 있다고 위로하며 아이와 아슬아슬한 줄다리기 신경전을 이어갔다.
"아들, 왜 뭐가 문제인지 말 좀 해봐. 너 이렇게 하다가는 좋은 대학 가기 힘들어. 아들, 대체 왜 이러는 거야! 엄마 아빠가 이렇게까지 하는 데는 참을 만큼 참다가 말하는 거야! 뭐가 문제야 대체!"

점점 아이는 공부에서 손을 놓기 시작했고 답답해지는 마음을 꾹 누르며 아이를 지켜보며 인내해보기도 했다. 어르기도 하고 혼내기

도 하고 이해한다고 다독이기도 하고 내 화에 못 이겨서 협박까지
도 해보는 대한민국의 그렇고 그런 안달하다 김빠진 엄마로 변해가
고 있었다.

고등학교에 올라가면서 아이는 학교를 가지 않는 횟수가 많아지
기 시작했다. 하루 종일 음악을 들으며 침대에 누워 있거나 학교를
가더라도 거의 엎드려 잔다고 걱정하는 담임선생님의 전화를 받기가
일쑤였다. 그때까지만 해도 아이가 마음만 먹으면 얼마든지 상위권
으로 복귀할 수 있을 거라는 믿음과 저러다 말겠지라는 셀프 위로의
자구책으로 유튜브에서 잡다한 강연을 들으며 하루하루 위태로운 순
간들이 지나가기를 바랐다.

아니 사실은, 이런 아들의 상황을 받아들이기 싫어서 내 마음을 방
임하기 시작했다. 아이가 하는 항변들은 다 변명으로 들리기 시작했
고 자기합리화로 일관하는 뺀질거리는 언어들로 들릴 뿐이었다. 아
이와 다툼이 잦아질 때마다 울컥울컥 울분이 올라왔고 아이가 큰소
리를 낼 때마다 내 귀에 벽을 치기 시작했다.

"학생의 본분이 뭔데? 공부야 공부! 너는 네가 할 일을 하나도
하지 않으면서 왜 엄마한테는 가만히 내버려달라는 소리를 하니?"

"엄마가 너의 장래 걱정을 하는 것은 너무도 당연한 거 아냐?"

"그나마 대학이라도 나와야 사람취급 받는 사회인데 대체 언제까
지 이럴 거야?"

"네가 뭐가 부족해? 엄마 아빠가 돈이 많아서 학원 보내고 개인 선
생님 붙이고 그런 줄 알아?"

쏟아내기 시작하면 말 한마디 한마디 가시가 돋쳐 나오기 시작했다. 아이도 만만치 않았다.

"내 인생 내가 살겠다는데 왜 그래요! 나 좀 가만히 좀 내버려두시라고요!"

"학교는 왜 가야 하는지도 모르겠는데 나도 최선을 다해서 참고 있는 거니까 건드리지 좀 마시라고요!"

변성기가 묵직한 고등학생 아들의 성대에서는 꽥꽥거리는 듯한 거슬리는 고성이 새어나와 온 집안을 휘젓곤 했었다.

아들은 내가 쏟아내는 언어의 두 배 세 배 이상의 어깃장으로 나를 찌르기 시작했다. 목에 가시가 걸려본 사람은 안다. 침을 삼킬 때마다 따갑게 느껴지는 통증이 얼마나 까슬까슬한지 덜컥 두려움이 엄습하기도 한다. 겁이 나서 밥 한 숟갈 크게 떠서 씹지 않고 쑥 삼키는 데도 다시 한 번 침 삼킬 때 통증이 밀려오면 헛구역질을 해서라도 빼고 싶은 절박함이 밀려온다. 입안에 삼킬 때 거슬거리는 가시가 의심이 되면서도 그 짧은 찰나, 그것을 다시 뒤섞인 아밀라아제로부터 빼는 번거로움이 귀찮았다. 그렇게 순간의 운에 맡기는 방관이 때로는 걷잡을 수없는 결과로 치닫기도 한다.

말이란 게 그렇다. 서로 상처가 되지 않을까 의심하면서도 자기 분에 못 이기면 거침없이 삼켜버리는 가시와 같았다. 나도 힘드니까 이 정도는 내뱉어도 괜찮을 거야라고 신속하게 내 마음의 '화'가 독이 든 언어를 삼켜버린다. 내가 이런 감정이면 나보다 스물일곱 살이 어린 내 아들은 몇 곱절 더 왕성한 젊음으로 그 감정에 격하게 대응하는 것이다.

다시 언어를 체에 거르고 고르게 솎아보기도 했다. 친절한 언어로 '나는 너를 걱정해서 이러는 거야. 너는 내 아들이니까 사랑해서 잘 되라고 이러는 거다'라며 아들을 조용히 다독이기 시작했다. 가시에 찔려보니 너무 아프고 서로에게 깊은 생채기를 내는 것을 알았기에 또 다시 함부로 생선을 통째로 삼키기 싫었다. 식도에 구멍이 날 것만 같았던 그 통증을 되풀이하기에는 나는 그래도 엄마이지 않은가. 그러나 아들은 내 친절한 언어에도 무응답 혹은 거칠게 냉장고 문을 닫는 태도로 화답하곤 했었다.

무엇이 어디서부터 잘못된 것일까? 어떤 것이 문제일까? 외아들을 향한 내 사랑이 어디서부터 잘못된 것일까? 아들은 친구들조차 만나지 않고 남자애들이 몰입한다는 피시방도 시큰둥하고 학교에 가지 않는 날에는 하루 종일 음악만 들었다. 그리고 밥을 먹으러 부스스하게 나와서 소리도 없이 주방을 서성이다가 유령처럼 조용히 스르르 제 방으로 사라지곤 했다.

나는 내가 기대했던 내 아이의 미래가 점점 연기처럼 흩어지는 것 같은 몽롱한 두려움으로 아이를 불안하게 지켜보곤 했다. 그것은 굳이 말로 표현하지 않아도 아이는 귀신처럼 내 감정을 읽고 무기력한 표정으로 나에게 고스란히 되돌려주곤 했다.

'알아요 엄마, 역시 엄마는 나를 그렇게 보시는군요. 그래요. 나는 아무런 의욕이 없어요. 아무런 재미가 없어요.' 마치 아이의 표정은 온 힘을 다해 나에게 더 큰 불안을 안겨주려고 노력하는 것 같았다. 자신의 마음을 제대로 알아주지 않는 엄마에 대한 깊은 상실감이 점점 더 지능화된 반항으로 조용하게 진행되고 있었다.

　그 무렵 친정엄마에게 치매라는 손님이 찾아왔다. 외동딸인 나는 엄마에게 유일한 의지의 대상이었다. 매일마다 안부를 확인해야 당신이 사는 의미가 있다고 항상 주지시키곤 하셨다. 엄마에게 있어서 나란 존재는 외로운 노년기를 버티어가는 버팀목이었다. 유달리 마음이 노곤했던 하루, 겨우 잠들었던 걸로 기억한다. 갑자기 새벽에 걸려온 전화에 놀라서 받은 난 엄마의 목소리가 들떠 있다는 것을 알았다.
　"팥밥 해놓고 기다리는 데 아빠가 안 오네. 밖에 나가봐도 없어. 밥해놓으라고 해서 해놓고 기다리는데 안 와."
　새벽 2시 반이었다. 이십사 년 전 돌아가신 아빠가 밥을 해놓고 기다리라고 했다고 한다. 목소리는 또렷했고 확신에 차 있었다. 가슴이 덜컹 내려앉았다. 아들과 신경전을 하고 잠든 지 겨우 1시간 만에 일어난 일이었다. 택시를 타고 엄마 집으로 향했다. 택시 안에서 보니 운동화가 짝짝이었다. 엄마가 사는 빌라의 현관문은 활짝 열려져 있었다. 압력밥솥에서는 갓 지은 밥 냄새가 나고 있었다.
　"엄마."
　더 이상 말이 나오지 않았다. 엄마는 초점 없는 눈빛을 하고 있었는데 표정은 기대에 차 있었다. 자꾸 현관문을 서성이셨다. 그리고 아빠를 찾아보라며 나에게 같이 나가보자고 하셨다. 거실은 온통 어질러 있었고 상은 깔끔하게 차려져 있었다. 혼자 사시는 엄마는 작은 찻상을 펴서 거기서 밥을 드시곤 하셨는데 거실에는 덩치가 커다란 상에 숟가락 젓가락 두 개가 덩그러니 올려져 있었다.

엄마는 나에게 딸 같은 사람이었다. 내가 치대고 어리광부리거나 투정할 대상이 아니기 시작한 것은 잘생긴 아빠가 또 바람이 날까 봐 엄마가 노심초사 술로 마음을 달래기 시작하면서부터다. 발그레하게 달아오른 젊은 엄마는 초등학교 5학년이던 딸에게 울면서 말했다.

"내가 너 때문에 산다. 너만 아니었으면 진즉 아빠하고 갈라섰을 거야. 너만 아니었으면 엄마는 이렇게 안 살아. 아이고, 내 새끼 너만 아니면."

아빠도 같은 말씀을 하시곤 하셨다. 너 때문에 산다. 이혼하면 내 새끼 혹여 상처받을까 봐 같이 산다.

부모님들은 서로에게 받은 상처를 딸아이 하나 보고 달래면서 같이 산다고 틈틈이 강조하셨다. 어린 나는 그들의 희망이자 어쩌면 절망이었다. 내 딸만큼 남부러울 것 없이 오냐오냐 사랑받고 자란 아이가 조선천지 어디에도 없다고 엄마는 입버릇처럼 강조하셨다.

어린 시절 내가 제일 부러운 것은 형제 많은 집이었다. '적어도 그 아이들은 부모님이 너 때문에 산다는 독박을 뒤집어씌우진 않겠구나. '너희들'이란 공동의 책임이 있어서 그 묵직하게 부담스런 짐 덩

어리를 나누어 가질 수 있겠구나.'

　어린 나는 엄마와 아빠 사이에서 수시로 눈치를 살피며 그들이 갈라서지 못하게끔 다독이고 위로하고 화해의 교량 역할을 해야 하는 책임감 강한 고명딸이어야 했다. 사춘기 반항 따위는 없는 고분고분한 딸이어야 했다. 그래야 했다. 그리고 신경이 예민할 대로 예민해진 엄마의 마음을 수시로 살피어 또 술을 마시지는 않을까 걱정하는 '망보는 동물 미어캣' 같은 12살이기도 했다. 부모님들의 갈등이 내 책임인 양 나는 묵직한 외로움에 길들여져가고 있었다.

　이제 한 아이의 엄마가 되어 아들의 사춘기를 고스란히 온몸으로 받아내고 있는 고명딸은 돌아가신 아빠를 기다리느라 잠들지 못하는 늙은 엄마와 뜬눈으로 새벽을 맞았다.

　난 밑이 다 타버린 압력밥솥을 수세미로 긁어대기 시작했다.

　눌려져 있는 팥을 떼 먹어봤는데 썼다. 목구멍에서 꾸역꾸역 뭔가가 올라오는 것 같았다. 아들이 가시처럼 박혀서 쓰리다 생각했는데 엄마는 목에 걸린 인절미처럼 끈적끈적하게 목이 메여 오기 시작했다.

# 내려놓다

깊은 한숨을 쉬던 엄마는 의사선생님의 말에 따박따박 대꾸를 하셨다.

"지금 계절이 뭐예요?"

"봄이요."

"지금 대통령이 누구예요?"

"박근혜요."

"어르신 나이가 몇 살이세요?"

"일흔둘이요."

어느 가을날 여든셋이 된 엄마는 술술 머뭇거림 없이 대답하셨다.

대통령 이름 하나만 유일하게 맞추시고 두 손을 공손히 모으고 앉은 엄마는 말 잘 듣는 어린아이 같았다. 넉 달째 보름 간격으로 찾아오는 신경정신과인데 엄마는 항상 선생님을 처음 뵙는다고 하셨다.

"선생님 제가 왜 이럴까요? 자꾸 어제가 오늘 같고 오늘이 어제 같고, 아유, 딸내미한테 못할 짓이에요."

엄마의 눈은 온순한 소 눈처럼 꿈뻑거렸다. 말이 어눌해지고 자주 명해지는 엄마는 생각마저 순해진 듯 항상 원망하고 미워하던 큰고모 이야기가 나와도 표정에 아무런 변화가 없었다. 처음에는 증상을 받아들일 수가 없어서 우리 집으로 엄마를 모셨었다. 방을 답답해하는 엄마와 거실에서 자리를 틀고 수시로 이야기를 나누었다.

나는 끊임없이 질문했고 엄마는 순하게 웃으며 "근데 새댁은 누구세요?"를 녹음기처럼 반복했다. 엄마를 혼자 둘 수 없어 집으로 모시고 왔지만 엄마에게 찾아온 '섬망'이란 증세는 시간도 공간도 사람도 구분하지 못할 만큼 거세게 몰아닥쳐서 밤이면 나가려는 엄마를 붙잡느라 현관문 앞에서 누워 새우잠을 잤다. 동작이 빠른 엄마는 밤이 깊어질수록 민첩해졌고 온 주방을 다 뒤지고 다니다가도 어느새 현관 자동키를 귀신같이 누르고 나가려고 했다. 화장실조차도 맘껏 갈 수 없는 상황이 되자 애틋하고 절박하고 뭉클했던 감정들이 '단 한 시간만이라도 편히 자고 싶다'라는 현실적인 문제와 대치하기 시작했다.

고3이던 아들은 공부를 하든 안 하든 잠은 자야 하는데 외할머니 때문에 거의 잠을 못자고 나와서 상황을 부스스하게 지켜보다 들어가곤 했다.

일주일을 섬망 증세에 시달리던 엄마는 점점 정신이 돌아오시면서 부끄러워하였고 받아들일 수 없는 당신의 행동에 절망하셨다.


"엄마, 할머니 때문에 힘드시죠."

아들이 제법 어른스럽게 내 마음을 챙겨준다.

고2가 되면서부터 나는 아들로부터 마음의 독립을 하는 연습을 시작했다. 아이가 울면서 식탁을 꽝꽝 내리치며 미친놈처럼 울부짖을 때 나는 아이가 얼마나 괴로운지 아이의 입장에서 보아버렸다.

식탁을 내리치던 그날도 아이는 학교에 가지 않았다. 이유는 두통이었지만 두통은 학교를 가지 않기 위한 습관적인 생체 반응이란 걸 잘 알고 있었다. 편두통약 하나를 주고 두통이 가라앉으면 밥을 차려 줄 요량으로 가스불 앞에 서있었다. 그 무렵 아들은 여자 친구와 헤어지고 자정 무렵 나가서 새벽에나 들어오곤 했었다. 술도 마시지 않고 담배도 체질에 맞지 않던 아들은 새벽까지 그냥 무조건 걷거나 강둑에 앉아 있다 들어오곤 했다고 했다. 일주일새 5킬로그램이 빠져버린 아이를 보고 있노라면 가슴에서 천불이 나다가도 걱정스러워 머릿속에서 복잡한 웅웅 소리가 들렸다. 뜬눈으로 뒤척이다 현관문 여는 소리가 들리는 새벽 4시쯤이나 되어서야 안심하고 잠이 들곤 했다. 한 끼라도 먹어야 산다며 아이가 좋아하는 순두부찌개를 올려놓고 퀭해진 아이 얼굴에 대고 참았던 울분을 터뜨리고 싶었다.

"담임선생님한테 전화 왔어. 왜 학교에 안 나오냐고. 나와도 하루 종일 엎드려 잠만 잔다며? 대체 왜 그러고 사니. 에효, 쯧쯧."

최대한 얄밉고 한심하게 말하고 싶었다. 표정도 그래서 마음껏 비아냥거리며 곱지 않은 눈빛으로 위에서 아래로 내려다보며 눈을 내리깔며 쯧쯧거렸다.

'너 때문에 엄마는 이렇게 힘들다. 그래서 난 네가 미워. 공부도 더럽게 안 하더니 겨우 여자 문제 때문에 학생이 미친놈처럼 그렇게 폐인 코스프레로 야밤에 돌아다니니? 정신 차려 이 자식아!'

속 시끄러운 옹알거림이 차마 입 밖으로는 나오지 않았지만 이미 눈빛으로 표정으로 말투로 조용하지만 싸늘하게 내뿜어 대고 있었다. 아이가 갑자기 닭똥 같은 눈물을 뚝뚝 흘리더니 식탁을 내리치며 절규하기 시작했다. 그것은 흡사 위험으로부터 살아남기 위해 포효하는 코뿔소 같기도 했고 괴성을 내지르며 울부짖는 고통스러운 아기공룡 같기도 했다.

모르겠다. 왜 그런 생각이 들었는지. 덩치는 산만한 아이가 변성기가 아직 정리 안 된 목소리로 꽥꽥거리며 엉엉 울다가 흐느끼며 고함도 치고 소리도 지르는데 순간 애처로운 아기공룡 같다는 생각을 했다.

그냥 알게 되었다. 아이가 정말로 힘들어하고 있고 고통스러워하고 있다는 것을. 단순히 여자친구와 헤어져서 나오는 고통의 몸짓이 아니었다. 자기를 배 아파 낳아준 엄마라는 존재가 마음을 몰라주고 인정해주지 않는 서운함과 울분이 쌓이고 쌓여 온몸으로 표현하며 오열하고 있었다.

'서럽냐, 나도 서럽다.'

같이 울었다. 그렇게 둘이 한 이십 분 엉엉 울다가 순두부찌개를 먹기 시작했다. 일주일을 제대로 먹지도 않고 돌아다닌 아이는 밥 한 공기를 다 비웠다. 그것으로 되었다는 생각이 들었다. 나는 아이에게 부리던 욕심들을 내려놓지 못해서 그 많은 불면의 밤을 자초했다. 이제는 내가 부렸던 게 욕심임을 인정해야 할 차례다. 꺽꺽거리며 울던 아들이 밥을 먹는데 안개처럼 뿌옇고 답답했던 마음에 빛이 한 줄기 두 줄기씩 새어 들어오기 시작하는 것 같았다. 우리 아들은 아직 건 강하다. 그순간 그게 그냥 그렇게 고마웠다. 순간적인 깨달음은 논리 적으로 오는 게 아니었다. 그냥 물벼락처럼 갑자기 쏟아져서 온몸의 말초신경이 깨어나고 정신이 화들짝 들어버리는 기분이었다. 내 새 끼라는 그 끈끈한 연결고리가 기대와 집착에서 존재 자체로의 고마 움으로 와 닿기까지 나는 나의 마음을 얼마나 학대하고 아이의 마음 에 얼마나 생채기를 냈을까.

'너도 많이 아팠구나. 힘들었구나.'

그때부터 아이를 따뜻하게 바라보려고 마음을 다독이기 시작했 다. 단지 시늉이 아니라 그냥 있는 그대로의 아이를 인정해 보려고 생각에 생각을 거듭했다. 그래도 불만과 화가 올라올 때는 말로 먼저 내뱉기 전에 내가 왜 아이한테 화가 나는지를 들여다보려고 했다. 아 이에 대한 관심을 분산시키며 서점을 기웃대고 음악을 찾고 마음공 부를 하는 곳이 어디인지 검색해 보기도 했다. 아이의 언어가 송곳처 럼 나를 쿡쿡 찌르고 있었다고 생각했는데 나는 시퍼런 칼을 들이대 고 맞서고 있다는 것을 알았다. 내 눈빛이 바뀌면서 아이의 눈빛도 좀 더 편안해졌다. 아이는 여전히 학교를 안 가는 날이 더 많아졌지만 우 리 집에서는 더 이상 꽥꽥거리는 고성이 들리지 않았다.

외할머니가 금쪽같이 여기던 손자를 알아보지 못하고 아이한테 누 구시냐고 물어보았을 때 아이는 흠칫 놀라움을 감추지 못하고 할머니를 더럭 껴안았다. 처음에는 어쩔 줄 몰라 하며 할머니 곁에서 맴돌던 아이도 밤마다 나가려는 할머니의 발작증세에 지쳐가기 시작했다. 밤에는 남편은 아예 안방에서 나오지 못하게 했다. 점점 지쳐가는 가족들 사이에서 나는 현관 입구를 의자 두 개를 붙여서 막아놓고 때론 그 의자에 앉아 잠이 들기도 했다. 동굴같이 어둡고 암울했던 시간이 지나고 엄마가 나를 알아보며 울기 시작했을 때 나는 엄마의 손을 잡고 엄마보다 더 엄마 같은 표정으로 엄마의 머리를 쓰다듬었다.

"왜 병원에라도 쳐 넣지 그랬어. 정 서방한테 어떤 추한 꼴을 보였을꼬. 어떻게 일주일동안 내가 그랬다니. 나 어쩜 좋으니."

정신과에 입원시키려고 모시고 가보기도 했다. 그러나 기다리는 내내 엄마는 어린아이처럼 두려움에 떨며 내 소매 깃을 놓지 않고 고개를 떨구고 있었다. 그 정신에도 본능적으로 자신을 떼어놓고 갈까봐 화장실을 가는데도 내 팔을 놓지 않고 있었다. 대기자 명단에 엄마의 이름이 떠오를 때 나는 그냥 엄마를 모시고 나왔다. 약만 처방 받고 죽이 되든 밥이 되든 증세가 호전될 때까지는 견디어 보자는 심산이었다. 섬망 증세는 삼사일에서 길어야 한두 달이라 했으니 괜찮아지실 거라 생각했다. 그냥 그렇게 믿고 싶었다. 집에 간다고 자꾸 떼를 쓸 게 뻔한 엄마가 침상에 묶여 있을 것을 생각하니 도저히 병원에 입원시킬 수가 없었다. 일주일 만에 나를 알아보기 시작한 엄마는 틈틈이 울기 시작했다. 이제 엄마는 진짜 어린 딸 같았다. 무엇인가 마음에서 덕지덕지 붙어 있던 것들이 툭툭 내려지고 있는 것 같은 기분이 들었다.

# 혼자 있는 시간이
# 많아지다

한번 꽂혀버린 노래는 무한 반복 듣는 음악적 습성이 있다. 어떤 날은 하루 종일 수십 번 들어 재끼며 세상에 들을 음악은 그거 하나밖에 없는 것처럼 반복을 거듭한다. 그리고 그 멜로디가 더 이상 날 상상하지 않게끔 식상해질 때쯤이나 듣기를 멈춘다. 비가 내리는 내용의 음악을 들으면 난 그날 허락된 하늘의 조건과 상관없이 비를 맞고 있다. 다양한 주인공이 되어 음악에 담겨 있는 가사의 내용에 맞추어 혼자서 드라마를 찍는다. 밑도 끝도 없고 머리도 꼬리도 없는 가운데 토막 같은 고등어 한 조각의 스토리 주인공이 되어 음악을 들을 때마다 수시로 각본을 바꾸기도 한다. 어떤 날은 음악 한 곡 가지고 하루 종일 그렇게 놀기도 한다.

엄마를 요양원에 모시고 나오던 날도 그랬다. 사슴같이 겁먹은 눈으로 당신이 싸오신 짐 보따리를 풀지 않고 이러지도 저러지도 못하고 있던 엄마는 날 똑바로 쳐다보지 못했다. 어려운 사돈집 온 것처럼 엉거주춤하게 앉지도 서지도 못하고 서성거리던 엄마는 짐 보따리를 푸는 나를 만류하셨다.

"내가 할게. 내일 나갈지 모레 나갈지도 모르는데 다시 챙기려면 귀찮아."

여기는 당신이 있을 데가 못 된다는 듯 엄마는 잠시만 머무르다 가는 낯선 손님처럼 확고하게 굴었다.

"여기서 주는 약 며칠만 먹으며 쉬고 있으면 엄마 괜찮아질 거야. 걱정하지 말고 너도 어여 가서 푹 쉬어."

가지고 온 물품들을 규칙대로 배열해 사진을 찍어두고 항상 새벽마다 꼭 쥐고 기도하시던 묵주와 성모마리아상을 침대 옆 머리맡에 놓아두었다. 못마땅해하는 엄마의 말을 뒤로하고 모든 짐을 야무지게 풀어헤쳤다. 이제부터는 여기가 당신이 기거할 거처라는 암시를 그렇게 차곡차곡 옷을 걸면서 행동으로 말하고 싶었는지도 모른다.

3층에 기거하게 된 엄마의 옆 침상에는 거동이 불편한 어르신이 계신 듯 휠체어가 놓여져 있었다. 기침이 잦은 할머니는 계속 엄마에게 말을 걸었다. 정신이 쏙 빠진 엄마에게는 아무 소리도 들리지 않는 것 같았다. 허둥대는 엄마 앞에서 내 표정은 담담했다.

"엄마 매주 주말마다 올게요. 답답해도 좀만 참으시고 식사 잘하고 계셔."

엘리베이터 앞에서 엄마는 겁에 질린 눈으로 눈물이 그렁그렁 맺혀 있었다. 눈으로 끊임없이 나에게 말하고 있을 뿐이었다. '나 두고 가지마. 엄마 무서워. 제발 가지마.' 손으로는 어여 가라고 하고 입으로는 걱정 말라고 하며 엄마는 엘리베이터 문이 다 닫혀질 때까지 눈으로 나를 놓지 못하고 계셨다.

돌아오는 택시 안에서 겁먹은 엄마의 눈동자가 떠올랐다. '서영은'을 검색해 〈혼자가 아닌 나〉를 스무 번쯤 듣고 그날은 잠이 들었던 걸로 기억한다. 그 후로 일주일 동안은 계속 그 눈동자를 떨쳐내려 나는 하루 종일 이어폰을 끼고 살았다. 설거지할 때도 마트에서 장을 볼 때도 심지어는 화장실 안에서도. 음악의 가사를 한번 훑은 후 리듬을 타며 성을 짓기도 하고 부수기도 하고 다시 세우기도 했다. 그 가사에서 뽑아 쓸 수 있는 모든 스토리의 주인공이 되어 상상이 시키는 대로 마음껏 연기했다. 그 당시, 그나마 나를 견디게 하는 가성비 좋은 버팀목이 있다면 음악과 상상이었다.

아이의 사교육을 끊고 아이가 가지고 있는 생각을 존중하려고 노력하기 시작하면서부터는 더 이상 학부모라는 공통어를 쓰는 엄마들과 정보 공유할 것이 없어졌다. 대화 주제의 대부분이 학업문제와 학습에 관한 정보였다. 어느 순간부터 모든 모임을 나가지 않게 되었다. 학교가 어떻게 돌아가는지 수시원서는 어떻게 넣어야 하는지조차 큰 관심을 가지지 않았기에 마음이 다급할 것도 궁금할 것도 없었다. 하루 종일 노심초사했던 엄마도 요양원에 모시고 난 후에는 시간이 철철 남아돌아가기 시작했다. 아침에 눈을 뜨고 남편을 보내고 자고 있는 아이를 확인한 후 담임선생님에게 문자를 한다.

"오늘도 아이가 잠에서 깨어나지 못하고 있습니다. 등교가 어려울 것 같습니다. 수고하세요."

담임한테는 더 이상 답신이 오지 않을 때도 있었다. 아이의 학적부를 걱정해서 담임의 눈치를 살피며 변명하지 않아도 되어서 편했다. 아이가 고2 때는 혹시나 모를 기대를 저버리지 않고 학교에 가지 않는 아침마다 애가 닳았다. 담임선생님에게 보내는 문자의 태도는 수도 없이 조아려졌고 구구절절 했다. 고3 때 선생님에게 보내는 나의 메시지는 눈에 띄게 달라졌다. 있는 그대로 솔직했다. 변명이나 핑계도 한두 번이다. 이쯤 되면 담임선생님도 바보가 아닌 이상 매번 사연이 있을 거라고 생각하지 않을 것이다. 군더더기 없이 사실만 이야기 하는 게 더 편해지기 시작했다.

밥을 차려놓고 가방을 둘러메고 혼자이기 좋은 곳을 탐색하기 시작했다. 날씨가 좋은 날에는 나무가 많은 공원이나 한적한 벤치를 선택했다. 책 하나 달랑 들고 나가지만 어떤 날은 한두 줄도 못 넘기고 오는 날이 더 많았다. 항상 그렇듯이 이어폰을 끼고 주변의 것들을 살피기 시작한다. 나무 등껍질도 벗겨보고 그 안에 숨어있는 작은 벌레들이 뿔뿔이 흩어지며 도망가는 것들을 지켜보곤 했다. 작은 생명들이 뭐 이렇게 많고 다양한가에 대해서 새삼 놀라기도 하고 신기하기도 했다. 그렇게 주변에 널려져 있는 사소한 자연에게 시선을 돌리기 시작했다. 처음에 혼자이기 시작할 때는 혼자서 밥 먹기도, 혼자서 영화 보기도, 혼자서 커피 마시기도 어색하고 낯설었다. 그전에 주변에는 항상 사람들이 있었고 반복되는 수다가 있었고 다수의 웃음소리가 있었다. 그럼에도 모든 낯설음은 반복하다 보면 다시 익숙하게 스며들어 온다. 인간은 살아남기 위해서는 저항 끝에 적응을 선택한다. 혼자 있는 시간이 많다는 것은 오롯이 나에게 집중할 시간이 그만큼 많아지기도 한다는 것이다. 어쩌면 혼자 있지 않았던 시간들에서 끝나고 돌아오는 길이 더 허전했던 것은 '남의 시선에 비추어지는 나'에 대해서만 생각을 더 많이 한 까닭이다. 나는 그들과 소통을 해야 했고 그 소통에서 소외되지 않기 위해 혹은 인정받기 위해 관심이 없어도 있는 척, 웃기지 않아도 웃는 척, 공감 가지 않아도 이해하는 척에 대하여 존재의 결핍을 느끼고 있었는지 모른다. 내가 진짜 무엇을 좋아하고 무엇에 열광하고 무엇을 슬퍼하는지도 모른 채 사람들 사이에서 있었던 것은 아닐까? 관계에서 오는 필요성으로 내 감정을 저울질해서 나조차도 교묘히 속이고 살았는지도 모르겠다. 그렇게 가식적인 리액션과 반응 속에서 나는 꽤 괜찮은 사교의 여왕인 척 착각하며 살았던 것이다.

혼자 있는 시간이 늘어날수록 외로움과 더불어 편안함이 찾아들었다. 내가 '나'만 생각하며 나에게만 관심을 두는 시간이 많다는 것은 제법 매력적인 시간이라는 것을 알아가고 있었다. 해가 나지 않고 바람이 좋은 날은 반나절을 쉬엄쉬엄 걷기만 한 적도 있다. 3시간쯤 걷다 보면서 아파트 근처 천변에 있는 들꽃들도 보고 한 송이 정

도는 꺾어서 들고 다녀보기도 하고 하늘을 올려다보는 순간순간들이
더 많아지기 시작했다.

그렇게 혼자 시간을 보내다 들어가면 식탁은 항상 어지럽혀져 있
었고 먹다 남은 고기 몇 조각이 접시 위에 나뒹굴고 있었다. 음악을
듣고 누워있는 아들에게 한마디 한다.

"아들, 먹은 것은 좀 치우라고 했지? 네가 먹은 것은 정리를 해줘
야 내가 또 차려줄 맛이 나거든."

"네."

대답을 하는 게 어디인가 싶었다. 한때는 내가 말 못하는 곰 새끼
와 사는 게 아닐까 생각해본 적도 있었다. 물어도 대답 없고 밥 먹어
라 해도 대답 없고 심지어는 학교 가라 해도 대답 없던 아이가 점점
대꾸를 하며 엄마는 밥 먹었느냐고 끼니인사까지 챙길 때는 어지럽
혀진 식탁을 보고 한숨을 쉬던 숨소리가 쏙 들어가며 기분 좋게 달
그락거리기까지 했다. 성장기 돼지가 먹던 지저분한 뒷정리를 하던
기분에서 아들이 먹던 설거지를 하는 정상적인 기분으로 돌아오곤
했다. 장대비 좀 맞아봤어야 가랑비가 내려도 가랑비 따위, 느긋하
게 맞아볼 수 있는 것이다. 장대비처럼 거세게 사춘기를 앓던 아이가
점점 차분해지면서 반항이 줄어들기 시작했다. 웬만한 곰 짓이나 퉁
명스러움은 그전에 쏟아 붓던 빗줄기에 비해 한층 가늘어지고 있었
다. 아들을 있는 그대로 봐주려는 엄마의 가상한 몸부림도 있었지만
무엇보다 혼자서 생각하는 시간이 많아지다 보니 할 말과 하지 않아
도 될 말에 대해서 점점 분별력이 생기기 시작했다. 단순히 말을 곰

게 하려고 노력한 것에서 벗어나 내 시선이 유해지는 것을 아이도 민감하게 느낀 것이다. 우리 모자는 가끔 '대화'라는 것도 하는 시간이 늘어나고 있었다.

햇빛을 가리던 암막 같은 커튼을 친 것은 어쩌면 무뚝뚝한 아이가 아니고 내 마음대로 방을 꾸미고 싶었던 내 눈의 커튼일지도 모른다는 생각이 점점 들기 시작했다.

# 엄마라는 이름의
# 사춘기

선명한 가운데 가르마를 하고 묶여 있는 머리가 단정했다. 너무 단정한 나머지 한 치의 삐뚜름도 용납하지 않는 듯한 가르마는 마치 만들어진 마네킹 머리같이 건조해 보이기까지 했다.

"안면에 기형이 있는 것 같습니다. 일단 구순열인 듯하고 구개열까지는 아직 확인할 길이 없네요. 대체로 구순·구개열이 같이 오기도 하죠."

초음파 사진을 보여주며 가르마가 반듯한 의사는 교과서를 읽듯이 말했다.

'이 여자 뭐라고 떠드는 것인가.'

내 이야기가 아니고 남의 이야기를 혹시 하는 것은 아닐까 다시 물었다.

"내 뱃속에 있는 아기가 그렇단 건가요?"

"네."

초음파 사진으로 아기의 얼굴이 보였다 입술부분이 많이 일그러

40

져 있는 아기는 표정만으로도 고통스러워 보였다. 아니, 내 마음이 고통으로 일그러져서 그렇게 보인 게 더 맞을 것이다. 돌아오는 길이 어땠는지 택시는 어떻게 탔는지 기억이 나지 않는다. 임신 6개월 때였다. 손이 달달 떨렸다. 책장을 넘기며 구순·구개열을 찾아보았다.

'임신 4주에서 7주 사이에 입술 및 입천장을 만드는 조직이 적절히 붙지 못하거나 붙었더라도 유지되지 않고 떨어져서 생기는 입술 또는 입천장의 갈림증. 근육 연골 뼈에 이르는 총체적인 변형을 야기할 수도 있으며 안면의 성장과 형태에 영향을 미쳐 얼굴 전체 다 비정상적으로 될 수도 있다. 원인은 복합적으로 생기는 경우가 많으며 극히 드물게 유전, 임신초기 약물복용이나 비타민 C 결핍이 원인이 될 수도 있다.'

다른 글자들은 보이지 않았다. "전체 다 비정상" " 약물 복용" 이 두 개의 한글들이 머리를 휘젓고 다녔다.


초기부터 입덧이 심했다. 밥 냄새도 못 맡고 화장실을 기어가다시피 해서 다 게우고 나서도 얼굴이 노래져 다시 게우러 가곤 했었다. 한약을 지어먹으면 괜찮다고 아이를 순풍순풍 셋이나 낳은 옆집 아기엄마가 일러주었다.

"나는 애 낳는 것은 화장실 가서 똥 싸는 것보다 더 쉬웠어요. 힘 주니까 그냥 쑥 나오더라고요. 근데 입덧은 미칠 뻔했어요. 첫째 때는 입덧한약이 있는 줄 모르고 참다가 배불러 오기도 전에 죽는 줄 알았어요. 그런데 둘째 셋째는 한약 지어 먹고 살았어요. 미련하게 참지 말고 괜찮으니까 약 지어 먹어요. 엄마가 고생 안 해야 애기도 건강해."

구세주 같았다. 낳아본 경험자가 이야기 하니 여기저기 물을 것도 없었다. 당장 약을 지어 먹었고 기어 다니다시피 괴롭혔던 메스꺼움이 가라앉았다. 그때가 태아의 안면 구조가 형성되는 시기였다.

눈물이 줄줄 흘러나오는데 닦을 엄두조차 나지 않았다. 부른 배를 쓰다듬으며 밤새 우는데 모든 수분이 눈물로 빠져나가는 기분까지 들었다.

아기가 나오고 나서 맨 처음 눈을 떴을 때 남편에게 눈으로 물었다. 너무나 많은 질문을 눈에 담고 있었다. 지독한 난산 끝에 입을 뗄 기운조차 없었다. 17시간 진통 끝에 산모가 고통에 겨워 자꾸 기절을 하니까 수술동의서를 받고 수술하기 직전이었다. 가물가물 들리는 소리는 "수술하지 않으면 위험하다"는 의료진들의 두런거리는 소리였다. '무엇이 위험하다는 것일까.' 어디서 갑자기 그런 힘이 생겼는지는 모른다. '애기는 낳고 죽자.' 강한 모성애가 솟구쳐 올랐다. 그 순간만큼은 죽음이 두렵지 않았다. 그 비장했던 용기가 아들이 커가며 말다툼할 때마다 주로 써먹는 흔한 레퍼토리가 되기도 했다.

"내가 널 어떻게 해서 낳았는데!"

목숨 걸고 낳았으니 엄마 좀 알아달라는 식상한 표현에 아들은 또 그 소리 한다는 표정을 짓곤 했다.

원대로 자연분만은 했으나 산모는 일주일간 침상에 누워 있고 나서야 퇴원할 수 있었다. 처음엔 어느 병원을 가나 아기를 강보에 꼭 꼭 싸매고 다녔다. 보는 사람마다 아기의 입 주변을 보고 시선을 바로 돌리지 못했다. 할머니들은 대놓고 쯧쯧거리며 안쓰러워 했다.

"예쁜 애기가 어쩌다 입술이 저렇게 갈라졌대."

표정으로 이야기 하거나 입으로 이야기 하거나 그 차이만 있을 뿐 모두 다 한마디씩 하는 것 같았다.


아기는 자주 병원을 들락거리며 수시로 모든 사람들의 걱정과 호기심 어린 시선을 받았다. 5살 때까지 총 3번의 성형 수술을 했다. 발달된 기술로 한 번에 드르륵 입술을 감쪽같이 꿰맬 수 있는 게 아니었다. 강남 성형외과 포스터 선전처럼 비포 에프터가 황홀한 기술로 적용되는 성형은 '중증구순'에는 해당되지 않았다.

기껏 입술하나 재건 해달라는데 왜 이렇게 끝이 없는 수술의 연속인가는 의학적으로 무식한 엄마의 답답한 외침일 뿐이었다. 입술로 원껏 원하는 양만큼 우유병을 빨지 못하는 아기는 밤에 잠을 잘 못자고 우는 일이 잦았다. 벌어진 입술을 붙이는 수술을 하고나서 부터야 밤에 눈도 붙일 수 있는 여유가 생겼다. 우유병도 힘 있게 빨기 시작하면서부터 아기는 엄마를 재워주기 시작했다. 그때는 그것만으로도 너무 감사했다. 아기가 우유를 더 먹어도 내 배가 부른 양 행복했다.


다섯 살 무렵 아이는 영특함이 도드라지게 표출되었다. 또박또박 말도 잘했고 습득력도 빨랐다. 그간의 마음고생을 보상이라도 해주는 것처럼 모든 것들을 스펀지처럼 빨아들였다. 집으로 방문하는 선생님이 영재인 거 같으니 관련기관 같은데 가서 검사를 받아보라고 할 때 덤덤한 척했으나 이미 마음속에서는 풍선을 하나둘씩 불며 바람을 불리기 시작했다.

그렇게 초등학교 6학년 때까지 아이는 기대를 저버리지 않고 학습 쪽으로는 너무나 무난하게 승승장구 했다. 아직 성형이 미완성된 입술의 흉터자국은 처음 전학 온 아이에게는 '이상한 입술'로 시선을 끌었으나 뭐든지 잘하는 아이는 곧 그런 시선에서 자유로워졌다.

공부 잘하고 글짓기 잘하고 그림 잘 그리고 상 많이 탄다고 소문난 아이는 줄곧 학급 임원을 맡으며 입술의 콤플렉스를 의식하지 못하고 당당하게 지내는 것 같았다. '공부 잘하고 인정받는다'는 것은 아이가 타인으로부터 입술로 인한 상처를 받지 않게 되는 것이라고 이퀄 성립을 내렸다. 내 마음대로 공식을 적용해 스스로 위안을 받으며 남부럽지 않게 지낸 아들의 초등 6년 시절이었다.


적어도 아들이 사춘기에 들어서기 전까지는 그러했다. 공부가 제일 쉬운 줄 알았던 아이가 공부를 멈추고 반항을 시작할 때 잠시 스쳐가는 불균형적인 호르몬의 영향이라고 생각했다. 저러다 말겠지 하며 교과서 같은 말로 아이를 다독이거나 혼내기를 반복했다. 때론 그럴싸한 말로 충고와 격려도 아끼지 않았다. 잦아들기는커녕 점점 거세게 반항하는 아이 앞에서 난 날을 세우기 시작했고 "내가 널 어떻게 낳았는데!"로 울분을 터트리기도 했다.

나의 엄마도 그랬다.

"내가 널 어떻게 키웠는데. 조선천지 금이야 옥이야."

항상 듣는 레퍼토리였다. 감동하지 않았다. 그런 말을 할수록 속으로 웅얼거렸다.

'엄마, 난 그게 너무 부담스러워요. 엄마는 내가 행복한지 힘들어하는지 내 마음을 전혀 알고 싶어 하지 않았어요. 그거 아세요?'

엄마의 딸인 난 한 아이의 엄마가 되어 또 내 아이에게 말한다. 역사가 반복되듯이 모정의 보상받으려는 심리는 부질없이 답습된다. 겉으로는 사랑이라는 이름으로 속으로는 알아달라는 마음이 아이의 갈팡질팡하는 고뇌와 팽팽하게 맞서고 있었다.

대립이 반복되면서 갈등은 점점 깊어져 갔다. 학원에 안 가고 침대에 누워서 음악만 듣거나 잠만 자는 아이가 걱정스러운 과정을 넘어서니 미워지기 시작했다. 원초적이고 다듬어지지 않은 감정이 섞인 단어들이 입밖으로 나오기 시작했다.

"공부 안 하면 나중에 뭐 해먹고 살라 그래! 막노동 할래, 너같이 게으름뱅이가? 그것도 부지런해야 하는 거야!"

이면에 숨어 있는 마음은 또 다른 걱정거리가 있었다. '사회에 나가서 당당해지려면 능력이 있어야 해. 일단은 좋은 대학부터 들어가는 게 맞아. 그래야 너의 구순열 흔적이 사회의 시선으로부터 자유로워져.'

정작 아이의 입술로 인해 상처받기 싫은 것은 아이보다 엄마라는 이름의 겁먹은 여자였다. 아이가 입술을 크게 개의치 않고 초등 6년

45

을 살아왔다면 난 마음속으로 항상 불안과 초조를 품고 살며 '당당하게'를 아이한테 가르쳐 왔는지도 모르겠다. 진짜로 당당한 사람은 굳이 그 문제를 끄집어내어 당당함을 강조하지 않는다.

아이의 마음을 살핀다는 명목하에 더 깊은 내면에 자리 잡은 엄마의 두려운 마음이 사실 이유였던 것이다. 젖병 안에 우유가 몇 cc만 어제보다 더 줄어도 고맙고 행복했던 엄마는 마음 안에 풍선을 불린 그때부터 욕심쟁이가 된 것이다.

아이가 공부를 잘 하기를 바라는 마음은 엄마로서의 바람이기도 하다. 바람은 그저 바람일 뿐이다. 바람이 채워지지 못했을 경우 실망하고 원망하는 마음은 누구를 위한 마음인가. 정말로 아이를 위한 마음인가? 엄마를 위한 마음인가? 아이를 사랑해서 걱정하는 마음이라고 생각했다. 아이의 불안한 미래를 미리 염려하는 모정이라고 생각했다.

그런데 내가 엄마한테 바랐던 진짜 모정은 엄마의 불안과 두려움을 나한테 덮어씌우는 게 아니었다. 엄마의 바람을 채우지 못하는 자식이라도 그 자체만으로도 온전히 소중하고 아끼는 마음이 모정이다.

'엄마'라는 타이틀을 달고 '엄마 욕심'에 못 이겨 모정을 몰라주는 아이를 답답해 했던 나는 알고 보면 아이보다 더 심각한 '엄마라는 이름의 사춘기'였다.

# 사랑하기 때문에
# 주는 상처

장날이었다. 오 일 간격으로 장이 서는 날에는 전국을 떠돌던 장돌뱅이들이 어김없이 모여들었다. 항상 그 자리에는 생선을 파는 아저씨가 있었고 색색이 곱디고운 꽃무늬파자마에 속옷을 잔뜩 진열해서 파는 아줌마가 있었고 "골라 골라!"를 연신 외치는 목청 좋은 양말장수가 있었다. 신기한 것이 구획정리 하듯이 땅을 갈라놓은 것도 아닌데 그들은 정확이 한 치의 오차도 없이 장마다 늘 그 자리에 있었다.

내성적이었지만 사람을 좋아하는 나는 그런 사람 사는 인간다움이 넘실대는 소통의 공간이 좋았다. 그중에 내가 제일 기웃거렸던 장소는 코에 큰 점이 있어서 점박이 할머니라 불리는 할머니가 자리 잡은 잡화상 같은 좌판이었다.

핀도 있고 반지도 있고 목걸이도 있고 시계도 있었는데 구제를 취급하던 할머니는 난생처음 보는 멋진 구슬이 박힌 크로스 가죽지갑도 빨랫줄 같은데 매달아놓기도 했다. 심지어는 누가 팔아달라고 했다며 콩도 한 자루 팥도 한 자루씩 열어놓고 한 되씩 팔기도 했다. 그리고 강아지나 염소 새끼도 가끔 한두 마리씩 옆에다 놓고 팔기도 했다. 한마디로 팔지 못할 게 없는 할머니였다. 열다섯 살, 아기자기 예쁜 것들에 관심이 가던 난 할머니가 진열해놓은 잡화를 구경하러 장에 가는 것이 맞다 해도 과언이 아닐 정도로 그곳은 장날을 기다리는 이유의 절대적인 우위를 차지하고 있었다.

엄마가 참기름을 짜러 방앗간에 들어간 사이였다. 난 그곳에서 보지 말았으면 좋았을 사람을 보고 말았다. 옥란이 언니였다. 언니는 좌판에 펼쳐져 있는 핀들을 머리에 하나씩 가져다 대며 할머니가 건네준 손거울을 보며 연신 머리를 갸웃갸웃 하느라 내가 옆에 있는 줄도 몰랐다.

얼른 엄마한테 가야 했다. 엄마가 언니를 보면 내가 애정하던 그 장소가 시끄러워질 수도 있고 그러면 난 창피해서 더 이상 그곳에 못 올 수도 있었다. 그것은 나에게 슬픈 일이었다. 무엇보다 엄마는 오늘 밤에 술을 마시며 또 우실지도 모른다. 그리고 이제는 불쑥 커버린 딸의 머리를 쓰다듬으며 "아유 불쌍한 것, 내가 너 때문에 이렇게 산다"를 녹음기처럼 반복 재생할 수도 있었다.

사춘기에 접어든 나에게 그것은 고문과도 같은 지겨운 소리이자 끝을 알 수 없는 어두운 동굴 같은 데로 빨려 들어가는 아득한 울림 같았다. 정체를 알 수 없는 무게감과 책임감을 던져주는 묵직한 소리였다. 마치 원죄를 지고 태어난 것 같은 느낌이 들게 하는 소리였다.

언니는 흠칫 놀랐다. 사실 내가 더 놀랐다. 언니는 지금 여기 있으면 안 된다. 대구 어딘가로 시집가서 지금쯤은 배가 불러오는 알콩달콩 새댁이어야 한다. 우리 집에 세 들어 살던 언니는 순하고 고왔다. 고등학교 졸업하고 방직공장에 취직해 동생들 학비 뒷바라지하느라 대학도 못 갔다고 했다. 성적은 우수했는데 대학을 안 가는 것을 담임선생님이 너무 아까워했다고 자주 말했다.

남동생 대학 졸업시키면 대학 갈 거라고 항상 입버릇처럼 이야기하곤 했다. 스물셋 꽃다운 언니는 항상 멋 부리기를 좋아하고 따라붙는 한 트럭이나 되는 남자들은 다 시시하다며 순한 눈매와는 또 다르게 야무지고 자신감 넘쳐 보이기도 했다. 신문지에 노란 꽃을 둘둘 말아 매일 같이 밤마다 찾아오는 어떤 남자를 아빠에게 좀 혼내달라고 부탁하면서부터 사건은 시작되었다.

어쩌면 그 이전부터 사건이 시작된 건지는 잘 몰라도 언니와 아빠는 엄마가 술을 마셔야 하는 그렇고 그런 사이가 되어버렸다. 엄마가 달래서 남자도 소개시켜주고 아빠가 시집가라고 지참금까지 챙겨주며 떠나보낸 언니가 여기 있으면 안 되는 것이었다.

"잠깐 온 거야, 여기 사는 거 아냐. 엄마한테 말하면 안 돼."

겁먹은 언니의 큰 눈이 더 커졌다. 언니의 손에는 얼마 전 아빠가 엄마에게 사줬다고 동네 아줌마들한테 자랑하던 똑같은 시계가 얌전하게 채워져 있었다. 아빠의 여자문제 쪽으로는 눈치가 너무 빨해진 난 그냥 알았다. 언니가 잠깐 다니러온 게 아니라는 것을, 시집가지 않았거나 시집갔어도 못살고 다시 아빠에게 왔나 보다 했다.

나에게 상냥하고 다정했던 언니를 좋아했었다. 라면을 푹 삶는 엄마와는 달리 쫄깃거리게 라면을 삶아주는 맛에 나는 언니가 끓여주는 라면을 유독 좋아했다. 그렇게 따랐던 언니가 아빠와 반라로 부둥켜안고 울고 있는 모습을 보고 난 뒷산에 올라가서 저녁나절에나 내려왔다. 엄마가 울고불고 온 동네를 찾아다니며 다 뒤집는 사이 난 고속도로가 내려다보이는 언덕에 앉아 개나리꽃을 하나씩 하나씩 따서 던지며 멀리 지나가는 차들을 내려다보았다.

애가 예민한 시기에 상처 입어서 어쩔 거냐고, 오죽하면 저 겁 많은 것이 산에 올라갔겠냐고 아빠를 몰아붙이며 얼마나 겁을 주었는지 아빠는 그사이 얼굴이 핼쑥해져 있었다. 다시는 그 언니를 만나지 않겠다고 엄마에게 다짐을 했다. 그게 일 년 전이었다.


얄미웠다. 또다시 우리 집의 평지풍파를 일으킬까 봐 겁이 났다. 결국 엄마와 나를 펑펑 울린 여자였다. 그래도 언니는 착하다. 눈을 본 순간 마음이 약해졌다. 여전히 난 갈등이나 싸움보다는 항상 평화를 원했던 겁 많은 소녀였을 뿐이다. 엄마에게 들키지만 않으면 아빠의 여자들을 미워하지 않았다.

"도망가 언니, 엄마 저 건너편에 있어. 멀리 가. 엄마도 같은 시계 차고 있어. 아는 아줌마가 보면 금방 들켜."

언니가 최대한 멀리 도망갈 때까지 방앗간으로 달려가서 망을 보았다. 가슴이 두근두근했다. 세상의 근심이 다시 죄다 내게로 몰려들었다. 엄마에게 한 소리 들을 때까지 최대한 방앗간에서 뜸을 들였다.

"쟤가 왜 저래. 아, 네가 왜 남의 집 기름 짜는 걸 보고 앉았대, 어여 나와."

열다섯 사춘기 소녀는 정작 제 또래의 다른 남자아이들보다 아빠의 여자에 항상 촉을 세우며 엄마를 달래거나 엄마 모르게 망을 보는 소녀가 되었다. 내 감정이나 내 슬픔, 내 원망 따위보다는 엄마가 더 이상 술을 마시며 꺼이꺼이 우는 그 상황을 막아야 했다. 두 분이 같이 사는 이유는 언제나 "나"였다. 항상 그렇게 말했다. "엄마와 살래, 아빠와 살래?"에서 어느 한쪽을 선택하든 둘은 다 양보할 수 없어서 같이 살아야 한다고 했다.

무엇보다도 이혼하면 내가 상처 받을까 봐 고명딸 위하는 투철한 희생정신으로 같이 사시는 것이라고 여기게끔 말했다.


저녁나절 아빠를 뒤꼍으로 불러 조용하고 단호하게 말했다.

"아빠, 언니 봤어, 이 동네 막 돌아다녀. 이번에 또 엄마한테 들키면 나 아빠 안 봐."

어차피 떼라고 떼일 정도 아니고 만나지 말라고 만나지 않을 여자도 아니었다. 내가 원하는 것은 '엄마 모르게'라는 단호한 부탁이자 협박으로 아빠를 조심시키는 것밖에 없었다. 열다섯 살 무남독녀 외동딸은 부모에게 화를 낸다거나 투정을 부리거나 원망을 한다기보다는 그들의 마음을 살피며 또다시 폭풍에 휘말리지 않게 보살펴야 하는 존재였다. 내가 그 두 사람을 잇는 유일한 끈이고 두 분이 같이 살아야 하는 이유이기 때문이라고 생각했다. 표현하고 싶은 감정을 삼키며 누르는 연습을 노을만 봐도 눈물이 고여 오는, 나도 잘 어쩌지 못하는 호르몬이 왕성해질 무렵에 더 속 깊게 하고 있었다.

아들은 나와 달랐다. 거침없이 자기의 감정에 솔직했다. 초등시절 유하고 말 잘 듣던 아이가 아니었다. 하기 싫은 공부를 왜 해야 하냐고 했다. 말로만 떠드는 소리가 아니었다. 행동으로 바로 보여주는 결단력도 있었다.

내가 참고 인내했던 그 시절에 비해서 아들은 부모를 전혀 배려하지 않는 버릇없는 아이로 보였다. 엄마 아빠의 평화를 위해 노심초사 자신의 감정을 누르며 부모의 감정을 살펴야 하는 열다섯 살 어느 소녀와는 달라도 너무 달랐다. 난 그 시절 꿈도 꾸지 못하던 것들을 이렇게 아무렇지도 않게 엄마한테 하는 아이가 알미웠다.

그리고 아이가 영특해질수록 나름의 꿈을 꾸었다. 고3 중순 무렵 가세가 확 기울어지며 아빠가 쓰러지셨을 때, 내가 공부를 놓지 않았다면 난 지금쯤 신문사에서 한 자리 차지하고 뭔가 인정받는 사람이 되어 있지 않았을까.

이루지 못한 나의 미래에 대한 망상을 아들에게 기대하기 시작한 것이다. 아들이 인정받으면 내가 못다한 꿈이 보상받아 지는 것처럼 아들과 나를 분리시키지 못하고 아이가 마치 내 소속인 양 내 욕망을 들이밀었다. 아빠에게 아무 일도 일어나지 않았다고 하고, 다시 고3 그 시절로 돌아간다면 난 과연 공부를 열심히 해서 서울에서 알아주는 신문방송학과에 들어갈 수 있었을까? 냉정하게 현실적으로 말하면 어림없는 일이다. 이미 고등학교 2학년 때부터 공부에 흥미가 없어지고 있었다. 암기과목으로 성적을 간간히 대체하고 있는 정도였다. 수학 영어시간에는 졸다가 일어나서 항상 눈이 빨개지곤 했었다. 하찮은 지방대학을 억지로 가야 하는 핑계가 필요했는지도 모른다. 때마침 아빠가 쓰러지셨고 엄마는 경제적으로 시달리기 시작했다. 총체적인 난국이었다. 너무 확실한 명분은 흥미도 없던 공부에 기름을 부어준 것뿐이었다. 그런데 내가 하기 싫어서 멈춘 공부를 난 왜 아들에게 강요하고 있는 것일까? 공부를 멈추고 이름도 없는 지방대학을 나온 것이 마치 내 탓이 아닌 양 합리화할 구실을 가져다 붙이면서 아들에게는 내가 지루하게 생각했던 획일화된 청춘을 강요하고 있었다.

고등학교 때 책상 앞에 머리를 파묻고 참고서만 파는 또래 아이들이 어려 보였다.

《난 누구인가》라마나 마하리쉬를 읽으며 야자타임을 빼먹고 음악실에 틀어박혀 "사는 게 무엇인가?" 같은 답도 없는 질문을 하는 제법 겉멋이든 허무주의 여고생이었다. 그럼에도 아들에게는 내가 사춘기 시절 참고 인내했던 시간에 대해 보상이라도 받으려는 듯 그 시절 부당하다고 생각했던 어른들의 태도를 그대로 복사해서 되풀이하고 있었던 것이다.

"착하다." "효녀다." 철들 무렵부터 귀에 못이 박히게 들어온 소리다. 진짜 착했고 진짜 효녀였다면 난 감정을 드러내지 못할 때마다 엄마를 원망해서는 안 되는 거였다. 야속해할 필요가 없었다. 내가 내 감정을 돌보지 못하며 마음껏 배출하지 못한 책임을 엄마한테 미루고 난 계속 착하고 속 깊은 효녀로 남아있었다. 그래서 내 마음의 욕구불만을 나오는 기질이 다른 아들에게 하나씩 하나씩 던지며 상처주고 상처받았는지도 모른다.

내 아들은 내 존재의 일부가 아니다. 내 소속도 아니다. 그저 내 배를 빌어서 태어났고 부모를 선택하여 세상에 나온 것은 더더욱 아니기에 개별적이고 독립적인 존재로 존중받아야 했다. 나 또한 그런 권리를 누려야 했듯이 내 아들도 그러해야 했다. 내가 누리지 못한 감정의 욕구불만을 나는 아들에게 너무 당연한 부모의 권리라는 듯이 서슴없이 내뱉고 있었다. 그 저변에는 '나도 이러이러 했으니 너도 이랬으면 해' '난 그렇게 엄마에게 안 했는데 넌 어쩌면 그러니'와 같이 항상 모순된 강요가 깔려 있었다. 나의 엄마에게 그렇게 했을 때 난 행복하지 않았다. 그렇게 난 행복한 아들의 삶을 바라면서 행복하지 않은 아들의 태도를 바라고 있었다.

내 감정에 갇혀 있을 때는 모순을 보지 못한다. 내 감정만 그저 소중하다. 그리고 뒤늦게 깨달았을 때는 이미 상대의 마음을 할퀴고 난 뒤다. 안타까운 것은 사랑하는 사람에게 가장 많은 상처를 주게 된다는 것이다. '내가 널 사랑하기 때문에'가 상처를 주는 이유이기도 하다.

사랑이 무엇인지 잘못 알고 있는 것이다. 잘못 되었으면 그것을 느낀 그 순간부터라도 바로잡아야 한다. 그래야 사랑이어서 그랬다고 떠들 수 있을 것 같다.

2장
—

# 남을 위한다며
# 나를 괴롭혔던 시간

# 세상의 소음에서
# 벗어나다

"참고서 잔뜩 사주면 뭐해. 책이 그대로야. 한 장도 안 펴지고 깨끗하게 있어. 그 돈으로 쇠고기라도 사먹었으면 아깝지라도 않지."

"아유, 지 인생 지가 알아서 하겠지. 그래도 지석이는 공부 잘하는데 뭘 그래. 우리 조카는 이번에 서울대 들어갔잖아. 대치동에서 그렇게 돌리더니 역시 달라. 중학교 땐 성적 별로였는데 학원 옮기고 확 달라졌어."

"요즘 공부의 조건 알아? 엄마의 정보력, 아빠의 무관심, 할아버지의 재력이래."

"하하하 맞다 맞아! 공감이 확 된다."

아낙들 여러 명이 모여서 커피 한 잔씩 놓고 시작되는 비슷한 레퍼토리다.

불이 꺼지지 않는다는 동네, 대치동 학원가에 입성해서 성공했다는 조카를 부러워하는 입담은 끊이지 않고 계속 되었다. 학교에서 학원으로, 학원에서 다시 학원으로 늘 책을 끼고 다니면서 중간 잠시

비는 시간에도 부근 커피숍이나 스터디카페에서 정보도 나누며 과제나 인강 등을 시청할 수 있는 동네, 알찬 인프라가 갖추어져 있는 동네라고 그녀는 대치동 학원가 홍보위원장처럼 말한다.

교육의 현장에서 혼란스러워 하는 엄마들에게 사교육 논리에 오염된 가짜 교육 뉴스들도 남발한다.

"그 선생님한테 가면 어느 학교 어느 학과 갈지 성적대입하면 딱 나온대. 거기서 스펙 만드는 거 가르쳐 주는데 잘만하면 학교 한두 단계는 업그레이드 될 수 있다던데?"

"미리 미리 스펙은 준비해야 해. 정시로는 대학 가기 너무 어려워. 수시로 가는 게 더 낫지 않겠어?"

사교육이 과도하게 개입된 입시의 현장에서는 고액의 입시 컨설턴트가 만들어주는 꾸며진 스펙이 학부모들 마음을 흔들어놓는다.

고1인 아이들 엄마는 순수하지 못한 입시제도를 비판하면서도 마음은 이미 쫑긋거려지며 그 선생님이 누구인지 알고 싶어 한다. 그것이 곧 엄마의 정보력이라고 생각하니까.

치열한 대한민국에서 살아남으려면 금수저가 아닌 아이들은 교육이 답이라고 엄마들은 생각한다. 학벌은 곧 수익에 대한 보장이며 수익은 곧 내 자녀가 행복으로 가는 빠른 길 중 하나라고 믿어버리기까지 한다. 행복까지는 아니어도 적어도 좀 더 '편안한 길'이라 믿어 의심치 않는다. 그래서 '내 아이의 성장'은 내면적이고 좀 더 근본적인 행복을 누리면서 자라나는 게 아니고 성적에 매겨지는 서열순위로 '내 아이의 성장'을 체크하며 점수로 인한 내 자식의 미래가치를 함부로 판단하기도 한다.


시끄러웠다. 공감대도 없었다.

무엇보다 아들은 '이런 공부를 내가 왜 하고 있나'라는 생각에 구토가 나올 것 같다고 했다. 모든 수업시간에 졸거나 딴생각을 하는 '행동단계'로 넘어간 아이다. 그래도 학교는 가야겠기에 무기력하게라도 앉아 있어 주는 게 나름 부모에 대한 배려였다. 우리 아이가 만일 여전히 상위권에서 무던하게 책장을 넘기고 있는 아이였다면 나도 그런 정보에 귀가 쫑긋거리고 마음이 솔깃했을지도 모를 일이다. 귀를 기울일 수 없는 현실은 나를 지루하게 했다. 시험 감독으로 간 어떤 엄마에게 전화가 왔다.

"어머, 시험지 나누어준 지 10분도 안 되었는데 엎드려 있는 애가 있드라고요. 누군지 가서 흔들어 깨웠더니 글쎄…,"

우리 아이였다. 그걸 보고 놀란 아이의 친구 엄마가 친절하게 바로 학교 현장태도를 알려 주었다.

"너무 똑똑해서 그래, 그런 애들은 좀만 마음먹으면 다시 금방 또 일등해요."

걱정과 격려를 동시에 해주는 그녀는 같은 엄마로서 진심 나의 속상함이 느껴진다고 위로도 해주었다.


벗어나야 했다. 내 아이를 다시 다그치는 일등공신이 이런저런 소리들과 정보들이었다. 귀머거리 3년, 봉사 3년, 벙어리 3년은 옛날

며느리에게만 해당되는 게 아니었다. 내가 실행해야 할 그때의 선택이었다. 모임을 하나둘씩 나가지 않았다. 아이 어렸을 때부터 형성된 모임들이니 꽤 많았다. 내가 만든 모임도 제법 되었지만 마음이 시키는 대로 했다. 그러다 보니 겨우 얼굴만 내비치는 한두 개 정도만 남겨지고 만날 사람이 없어져 갔다. 나의 인간관계라는 것이 이토록 아이 위주로 형성이 되었던 것에 대하여 정리하면서도 새삼 놀랐다.

전업주부이다 보니 아파트 밖 세상은 섬에서 바라보는 머나먼 뭍처럼 아득했다. 딱히 갈 데도 없었다. 그럼에도 불구하고, 우물 안 개구리 같았던 여자는 익숙한 소리들로부터 점점 결별을 하기 시작했다. '학부모'라는 이름에서 '엄마'라는 이름으로 거듭나기 위해 선택한 명분이라고 하지만 사실은 내 마음이 고달파서였다.

공감가거나 수긍이 가지 않은 대화 속에서의 억지웃음이나 리액션에 마음이 너무 피로해졌다. 스스로에게 가식적인 그 시간들이 점점 공허로워졌다.

혼자 있는 시간이 늘어가고 그나마 몰두했던 '드라마 보기'도 단절했다. 드라마 작가가 만드는 갈등상황이나 캐릭터에 왜 내 마음을 들었다 났다 하는지 그것조차 갑자기 지겨워졌다. TV마저 없는 일상은 몹시 단조롭고 조용했다. 이럴 때 누군가는 책을 읽는다지만, 고기도 먹어본 놈이 먹을 줄 안다고 막상 서점에서 몇 권은 골라왔는데 책장이 앞 페이지에서 넘어가질 않았다. 독서에 취미가 없던 나는 마치 난독증처럼 글자가 넘겨지질 않았다. 무엇보다 내가 필요해서 읽는 거와 시간을 메꾸기 위해 읽는 태도는 하늘과 땅 차이였다. '

아들도 이러했겠구나' 싶기도 했다. 원하고 필요해서가 아니라 학교에 있는 그 시간을 억지로 메꾸기 위해 들여다보는 책장이 넘어갈 리가 있겠나 싶었다.

내가 이제껏 뭘 하며 살아왔나에 대한 자괴감도 엄습했다. 난독증이 의심되는 독서력에다가 뭐 하나 나를 위하여 '자기계발'이란 걸 한 기억이 없다. 손맛이 좋다고 해서 잠시 엄마들을 모아놓고 퓨전요리를 가르쳐본 적은 있다. 딱 한 달이었다. 더 이상의 요청에도 그 어질러진 뒤처리와 준비단계가 너무 힘들어 4주 만에 질려버리고 손을 놓았다. 결혼 후 나의 첫 생산 활동은 그렇게 요란하게 시작해서 조용하고 신속하게 마무리되었다.


모든 소음으로부터 멀어지고 혼자가 된 일상을 맞이하면서 처음 한 달간은 주로 자아비판의 성향을 띠고 무기력 모드로 살았다. 무기력해지니 아이에게 잔소리는 현저하게 줄었지만 내 마음에게 미안해지기 시작했다.

틈틈이 멍 때리다가 가슴 언저리가 멍이 들었는지 무엇인가 알 수 없는 답답함으로 저려 오기도 했다. 내 몸을 돌아다니는 피와 같은 온기로 돌침대를 덥혀놓고 그 위에 누워 수시로 물었다.

'이렇게 살아도 괜찮은 것인가?'

어느 시인이 그랬다. '외로움은 혼자 있는 슬픔이고 고독은 혼자 있는 즐거움'이라고. 자발적 고독을 선택했다면 난 그럼 즐거워야 하거늘 바다 위에 떠다니는 이질적인 플라스틱 병처럼 방향성을 잃고 정처 없었다.

이른 저녁을 먹으며 아들이 식탁에서 묻는다.

"엄마, 요즘 왜 만날 집에만 있어요?"

3시만 되면 오는 아들이 마트만 겨우 가는 엄마의 행동반경이 이상한가 물었다.

"아들아, 집에서만 있는 게 제일 편하다 요즘은."

"나도 그래요. 학교 안 가고 하루 종일 집에서만 있었으면 좋겠어요."

"… 밥 먹자."


무기력 모드를 정리하려고 애쓴 첫 번째 시도는 명상이었다. 아이와 남편을 보낸 후 아침 설거지를 하고나서는 음악을 틀어놓고 무조건 눈감고 앉아있는 시간을 가지기 시작했다. 유튜브에서 보고 배운 호흡법을 따라하며 차분하게 숨소리에만 집중했다. 그러다가 다시 잠들곤 하는 어이없는 상황도 종종 있었지만 점점 적응이 되어가다 보니 눈감고 있는 시간이 편해졌다.

명상이 끝나면 그냥 한 시간은 산책하듯이 걷기 시작했다. 동네에 있는 휘트니스 센터의 소음으로부터도 벗어나고 싶었던 난 혼자서 운동하는 시간을 가지기로 했다.

몸을 움직이지 않으면 마음도 정체되어 가기 시작한다. 누워서 '나는 잘 살고 있는가'를 아무리 떠들어봐도 내 몸이 무엇인가를 하고 있지 않으면 생각도 몸과 함께 가라앉았다.

무기력의 깊이가 깊어지면 나도 어쩌지 못하는 우울감이 찾아든다. 그것은 심연과도 같아서, 너무 깊어져서 검푸러진 바닷물 아래에 잠겨 있는 기분이다. 내 속의 어둠 한 방울이 물감처럼 퍼져서 온몸을 암울한 색깔로 퍼뜨리는 검푸른 잉크 같았다. 무엇이라도 해야 했다. 그 무엇이 숨쉬기부터였다. '숨'의 느낌에 집중하는 그 시간이 조금씩 평화로워졌다. 마음이 편안해지니, 침몰되는 듯한 기분에서 수면 위로 잔잔히 떠다니는 기분이 들었다.

세상의 소음으로부터는 잠시 멀어져 있었으나 세상으로부터의 단절은 어렵다는 것을 이미 알고 있었다. 내 방식대로 세상과 접속하는 또 다른 길을 찾아야 했다. 그렇게 작은 것부터 하나씩 몸부림치기 시작했다. 몸부림친 만큼 몸에 붙어 있던 셀룰라이트 같은 우툴두툴한 우울감들이 조금씩 빠져나가기 시작했다.

'그래 뭐라도 해야 해. 움직여야 해.'

# 어른인 척 굴었던

늦여름이었던 걸로 기억한다. 잠자리가 무리지어 하늘을 날아다니고 있었다. 책가방을 베개 삼아 풀밭에 누워서 바라다본 하늘은 너무 파래서 눈이 시릴 정도였다. 그날도 현주 언니는 내 머리를 이름 모를 어느 가느다란 잎사귀 줄기로 돌돌 말아서 파마를 세팅해놓고 기다리고 있었다.

언니는 두 손을 쉬는 법이 없었다. 가만히 앉아 있을 때도 항상 뭔가를 만지작거리며 있곤 했다. 부지런하고 잽싸며 손재주까지 좋은 언니는 아무것도 안 하고 있으면 마음이 이상하다고 했다. 아이답지 않은 손이었다. 손가락 마디마디는 거칠고 갈라져 있었고 껍질이 버짐처럼 하얗게 벗겨지고 있었다. 처음에는 징그러웠는데 그 손끝에서 탄생하는 마법 같은 곱슬머리를 보고 언니의 모든 손은 다 그럴만한 이유가 있어서 그런 듯 동경하는 마음까지 생겼다. 잠자리 두 마리가 가까이에서 날아다녔는데 한 마리가 한 마리를 업고 다니고 있었다. 언니는 저것이 짝짓기 하는 것이라고 했다. 여자 남자끼리는 누워서 손만 잡으면 애기가 생기는 줄 알았던 나는 잠자리는 손이 없어서 저러나 보다 생각했다.

"언니. 그럼 언니가 대진이 오빠하고 손만 잡고 자도 애기가 생겨?"

머리가 곱슬머리인 대진이 오빠를 좋아하는 언니는 언니 집과 반대편인 대진이 오빠네 집 대문을 일부로 거쳐서 가기 위해 돌아돌아 집으로 가곤 했다.

초경을 시작한 언니는 남의 집에서 얻어온 하얀 기저귀 천을 잘라서 생리대 대신 쓰고는 했는데 빨래할 때 잘 안 빠져서 너무 힘들다고 했다. 그리고 그 빨래를 할 때는 창피하다고 나도 보지 못하게 했다. 그 무렵부터 언니는 항상 밤에만 빨래를 한다고 했다.

"손만 잡고 자면 애기 생기는 거 아니래, 정자와 난자가 만나야 생기는 거래."

"정자와 난자는 어떻게 만나는데?"

"네가 좀만 더 크면 내년에 말해줄게."

왜 지금은 안 되고 내년에는 되는지 모르겠다는 표정으로 다시 물었지만 언니는 큰 비밀인 양 절대 안 된다며 말해주지 않았다. 언니는 어쩔 땐 엄마보다 어른 같았다. 내 앞에서 울지도 않고 힘들어 하는 표정을 한 번도 보여주지 않았다. 공기놀이도 동네에서 제일 잘했고, 땅따먹기 놀이도 잘했고, 밥도 할 줄 알고 설거지에 청소까지, 껍질이 하얗게 일어난 작은 손으로 도무지 못하는 게 없었다. 대진이 오빠가 자기를 좋아해주지 않아도 크게 실망하거나 원망하는 것 같지도 않았다.

"언니, 잠자리는 눈이 이만 개나 있대. 그래서 날아다니는 날벌레들도 마음만 먹으면 다 잡아 먹을 수 있대."

"내가 보기에는 하나인데 어떻게 이만 개야? 거짓말."

"진짜야, 아빠가 그랬어."

아빠가 그랬다는 말에 언니는 바로 믿어버리는 눈치였다.

"그럼 잠자리는 친구 사귈 때도 바로 친구인지 아닌지 나쁜 잠자리인지 좋은 잠자리인지 바로 알아보겠네? 남편감도 좋은지 나쁜지 알아보겠다. 그치?"

언니가 작은 눈을 크게 뜨고 장난기 있게 물었다.

"응, 그럼 사람은 눈이 두 개밖에 안 돼서 막 결혼해놓고 나서 술 먹고 울고 그러는 건가?"

내가 엄마아빠를 생각하며 말한다는 것은 언니는 꿈에도 몰랐을 것이다.

"우리 아빠는 여자는 믿을 게 못된대. 엄마 애기만 하면 술 마시고 자버려."

엄마가 어딘가에 살아있을 거라고 생각하는 언니는 항상 엄마를 보고 싶어 했다.

"넌 눈도 두 개밖에 없으면서 내가 왜 좋아?"

언니가 갑자기 의미심장하게 물었다.

처음에 언니 또래들이 언니 얼굴을 보고 다들 친구하기를 꺼려하는 것에 언니는 크게 상처받지 않는 듯 항상 담담하게 굴었다.

"언니가 어른 같아서, 진짜 언니 같아서!"

"언니는 내가 왜 좋아?"

"음… 외동딸 같지 않아서, 버릇없지 않고 착해서… 너도 애 같지가 않아서."

잠자리가 요란하게 날아다니는 하늘이 눈부신 날에, 나무 그늘에 누워서 두 어린 소녀는 어쩌면 슬픈 이야기를 주고받고 있었다.

그때는 몰랐다. 왜 아이답지 않은 것이 슬픈 일이었는지. 그냥 우리는 다른 아이들과는 다르게 어른스러운 아이들인가 보다 생각했다.

누군가의 눈에 '애'같이 보이지 않는 애들은 좋게 말하면 어린 게 속 깊고 성숙하게 보인다고 하겠지만 사실은 '척'에 익숙한 마음앓이가 아이다운 모든 꾸밈없는 감정을 통제하고 있었다.

힘들지 않은 척, 담담한 척, 상처 받지 않는 척, 강한 척하는 어린 소녀 현주 언니는 항상 '부지런 강박증'에 시달려야 했다. 뭐라도 하고 있지 않으면 고달프고 불안한 현실이 불행처럼 다가올까 봐 언니는 쉬지 않았는지도 모른다. 유일하게 쉬는 시간이 나와 함께 있는 시간이라 했는데 언니의 손은 단 한순간도 멈추어진 적이 없어 보였다. 항상 내 머리를 만져주거나 말아주거나 파마가 되는 사이에는 잎사귀나 매듭 끈 같은 걸 가지고 무언가를 꼼지락거렸다. 피부껍질 더 일어날지도 모르니 손 좀 가만히 있으라고 해도 언니는 그게 잘 안 된다고 했다.

"손이 가만히 있으면 이상하고 불안해."

'애'답지 않은 우리들은 그래서 서로가 서로를 알아본 것일까? 처한 배경이 다를 뿐이었다. 언니가 눈치를 살피고 돌봐줘야 할 대상에는 사고뭉치 동생도 있었을 테고 항상 피곤한 아빠와 곰보가 된 얼굴 앞에서 약해지지 않으려는 언니 마음도 있었을 것이다. 울어도 투정해도 받아줄 사람이 없다는 것을 아는 언니는 그냥 참기로 했을 것이다. 난 내가 울기 전에 먼저 우는 엄마를 봐버렸고 그게 마음이 아프다는 것을 알아버린 나이가 되었을 때부터 엄마 앞에서 서럽게 우는 일은 하지 않게 되었다.

우리는 각자 암묵적인 책임감 아래 어린 소녀들처럼 마냥 까르르거릴 수 없었을 것이다. 그런 알 수 없는 동질감이 서로가 서로에게 잠시라도 위안 받고 기대갈 수 있게끔 편안하게 다가왔는지도 모르겠다. 어른인 척하는 아이는 울 때도 혼자 울고 아파도 웃을 때가 있다. 그런 웃음은 아플 때 웃어본 사람은 귀신같이 알아버린다. 표정으로 아는 것도 아니고 웃음소리로 알아지는 것도 아니다. 그냥 느낌으로 알아지는 것이다.


어른, '다 자란 사람, 또는 다 자라서 자기 일에 책임을 질 수 있는 사람.' 사전에 표기되어 있는 이 말이 맞다면 아이들은 어른인 척하면 안 된다. 실제 어른이 되어도 자기 일에 책임을 지지 못하는 어른들투성이인데 아이가 어떻게 인생의 책임을 지고 그것을 감당하려고 애를 쓴다는 것일까.

현주 언니가 처음으로 내 앞에서 운 적이 있었다. 엉엉 우는 소리는 낯설었지만 너무 구슬펐다.

"대진이가… 흑흑… 나보고 괴물이래… 흑흑… 엉엉."

언니를 놀리는 심술궂은 사내아이의 대열에 대진이 오빠도 합류해 나뭇가지를 던졌다고 했다. 송편만 한 돌을 맞고 피를 흘려도 나뭇잎으로 쓰윽 닦으며 씨익 웃고 말았던 언니였다.

그랬던 언니가 진짜 우는 것처럼 울고 있었다.

슬픔과 서러움이 곪아서 한꺼번에 터진 언니는 외할머니 돌아가셨을 때 울던 엄마의 곡소리보다 더 길게 꺼이꺼이거렸다.

언니도 아이였다. 그저 어린 소녀였다. 처음으로 언니가 그 또래 아이처럼 보였다. 어른인 척하던 언니는 남몰래 품었던 풋풋하고 순수했던 어린 순정 앞에서는 무너지고 말았다. 다 자란 척하던 마음이 실은 얼마나 여리고 생채기투성이였는지, 애쓰며 살아왔는지, 그 작은 눈으로 쏟아붓던 폭포 같은 눈물이 대신 말을 해주는 것 같았다.

"대진이 오빠가 개 눈깔이라 그래, 언니 탓이 아니야. 울지 마… 엉엉."

같이 따라 울었다. '울지 마'란 소리는 '같이 울고 싶다'라는 나의 속마음이었다. 그랬다. 삘리 철이 들어버린 건 언니 탓도 내 탓도 아니었다. 우리 탓이 아니었다. 같이 마음 놓고 울 수 있는 언니가 곁에 있다는 게 참 고마운 그 시절이었다.

어른이 돼버린 난 여전히 어른인 척하다가 아직도 어른이 되지 않은 날 발견하고 안심한다. 아직 어른이 되지 않았다는 것은 이제 내가 '어른이 아닌 척' 해도 '척'이 아니라는 당당한 명분이다.

인생에는 '지랄총량의 법칙'이 있다고 했다. 어릴 때 혹은 사춘기 때 '지랄' 소리 좀 못 들어 봤다면 언젠가는 '지랄'의 양을 채워도 되지 않을까.

알고 보면 내가 판단한 모든 작은 선택의 연속으로 만들어진 게 지금의 나다. 지금의 내 모습은 내가 살아온 결과이며 실체이다. 이것을 인정하기까지 나는 많은 변명과 핑계와 '탓'을 거치며 어리석게 돌아왔다. 어린 시절, 그 슬픔은 내 탓이 아니었지만 선택에 대한 책임져야 할 나이가 되고 다 자라나 버린 난 이제 누구누구 탓을 할 수 있는 이유가 없어져 버렸다. '지랄'을 하든 '척'을 하든 이제 온전히 내 책임임을 받아들이는 어른이 되기 위해 난 지금도 성장통을 앓고 있는 여자어른아이일 뿐이다.

# 켄터키 옛집과
# 무대공포증

"손가락에 공작 지문이 3개나 있으시네요. 3개씩이나 있는 것은 흔한 경우는 아니죠."

"공작 지문이 있으면 어떤데요?"

"화려하고 눈에 튀는 스타일이실 듯해요. 무대 서는 것도 즐기실 테고 재주가 많고 열정적이세요. 이런 사람은 사람들 앞에 나서고 싶어 하고 주도하는 경향이 있어요. 뭘 해도 눈에 뛰거나 톡톡 튀는 생각으로 사람들을 휘어잡는 강점이 있죠."

지문심리검사를 받았다. 각자 타고난 기질이나 성격이 지문으로 드러난다고 해서 신기하기도 하고 궁금하기도 했다. 절반 이상의 호기심으로 한번 신청해보았다. 놀랍게도 나의 대인관계 기질이라든가 성격 같은 것이 귀신같이 딱딱 들어맞아서 신뢰의 문이 어느 정도 열린 상태에서 들은 뜻밖의 소리였다.

'내가 무대를 즐기는 기질이라고?' 이 대목에서는 애매모호한 기분이 들었다. 전업주부로 십칠 년째, 아이 친구 엄마들과의 모임에서 조용히 있는 듯 없는 듯한 존재는 결코 아니었으나 사람들 앞에 나서고 싶어 하고 무대에 서고 싶어 하는 경향은 어릴 때부터 더듬어봐도 딱히 기억이 없었다. 혼자서 차분히 노는 시간이 더 많았던 어린 시절이었다. 친구들이 우르르 많은 것보다 마음에 맞는 친구 하나와 속닥속닥 노는 시간을 더 편안하게 생각했다.

중학교 때는 합창부에 발탁이 돼서 각종 학교 대회에 나가곤 했는데 무대에 서는 것이 이상하게 편치 않았다. 그나마 단체로 우르르 무대에 서서 묻어갈 수 있는 것이기에 망정이지 혼자 독창이라도 부르는 무대였다면 아마 그 전날부터 잠도 못자고 도망가고 싶었을 것이다.


중학교 1학년 음악 시간이었다.

"누가 이 노래 좀 불러볼래. 딱 두 명만 불러보자."

음악 선생님이 독창을 부를 사람은 자원하거나 혹은 추천하라고 하셨다. 누가 시키기라도 한 듯이 반 아이들 절반이 나를 쳐다보았다. 발목이 삐끗해서 체육시간에 안 나가고 교실에 혼자 머무른 시간이 있었는데 그때 노래를 흥얼거리는 것을 어떤 아이가 들은 모양이다. 이제 막 물이 오른 입담을 가지기 시작한 그 소녀는 신이 난 듯 과장을 보태어 소문을 내주었다. 덕분에 난 아주 노래를 잘 부르는 숨은 실력가가 되어버린 것이다. 기대를 하는 아이들의 쏟아지는 눈총들이 마치 감기로 인해 열이 잔뜩 났을 때 따갑게 몸을 때리는 소나기 같았다. 열로 인해 바들바들 떨며 우산도 없이 피부에 빗방울을 맞는 것 같은 기분은 무대에 올라가서 바로 증명되었다.

"켄터키 옛집에 햇빛 비추어… 여름날 검둥이 시…절…."

음악책에 나오는 〈켄터키 옛집〉이란 노래였다. 어른이 되면 노동에 시달리며 서글픈 노예가 될 흑인아이의 뛰어노는 장면을 구슬프게 표현한 곡이었다.

"잘 쉬어라 쉬어~~~ 울지 말고 쉬어~~~."

후렴구가 하필 '울지 말고 쉬어'였는데 나는 거의 울어버릴 지경까지 사시나무 떨 듯 떨고 있었다. 혼자일 땐 그렇게 흥얼흥얼 곧잘 하더니 무대에 서니깐 목소리조차 잠겨서 나오지 않았다. 음악책을 잡고 있던 손이 바들바들 떨려서 보고 있기가 너무 애처로웠다고 쉬는 시간에 어떤 아이가 말해주었다. 노래를 잘해야 들어갈 수 있었던 합창 부는 당당히 오디션을 보고 들어간 것이 아니라 화장실 청소하다 혼자서 노래 부르는 것을 음악선생님이 듣고 반강제로 입단시켜주신 것이다.

한마디로 무대라면 경기를 하는 체질인 줄 알았던 나였는데 내 손가락 지문 기질은 무대에서 강한 체질이라 하니 의외일 수밖에 없었다.

지문 심리 자격증을 본격적으로 공부하기 시작하면서부터 난 나에 대하여 하나씩 하나씩 알아가 보는 시간을 가지기 시작했다. 잔재주가 많았던 난 뭔가 하나를 깊이 있게 파본 적이 없었던 것을 되짚어 보았다. 끈기와 인내력 부족도 있었지만 흥미가 지속되지 않으면 더 이상 깊이 있게 들어가지 않으려고 하는 완강한 저항이 있었다. 한마디로 하기 싫은 것은 겉으로는 하는 척하면서도 전혀 집중을 하지 않는 지조와 뚝심의 이중적인 캐릭터였던 것이다.

아들은 그에 비하면 얼마나 화끈하고 담백한가. 시험지 문제의 활자는 어떤 내용인지 들어오지 않아도 심각하게 읽는 척 나름 성실하게 고민하며 혹시나 모를 운을 기대하며 열심히 오답에 체크하던 나와는 달리, 아들은 1번으로 모조리 깔끔하게 체크 해놓고 쿨하게 자버린 것이다. 적어도 '척'은 하지 않는 부류에 속하는 것이다. 난 어쩌면 착한 척 어른인 척에 익숙해져서 마음은 저항하되 행동은 이러지도 저러지도 못하는 소심함으로 스스로를 속이고 있었는지도 모르겠다.

내성적이고 생각이 많았던 〈켄터키 옛집〉의 그 소녀가 무대에 올라서기보다는 혼자서 노래를 부르거나 친한 친구한테만 노래를 불러주던 이유는 단 하나였다. 두려워서다. 실수하기 싫어서다. 잘하고 싶어서다. 사람들이 날 어떻게 생각할까에 대한 불안함이 소녀를 움츠러들게 한 것이다. 한마디로 소녀는 욕심이 많았던 것이다. '못해도 괜찮아' '실수하면 어때, 내가 가수야?' '이 정도면 그래도 다른 애들보다는 잘하는 편이니 자신 있게 불러.'

어른이 되어버린 난 이제 그렇게 말할 수 있는데 그때의 그 소녀는 자기가 왜 떨리는지 왜 그렇게 무대가 싫은지 모르고 그냥 두렵기만 했다.

엄마아빠에게 받았던 사랑도 그러했다. 겉으로 보기에 요란했지만 속으로는 항상 버석거리는 갈증을 느끼고 있었는지도 모르겠다.

어렴풋이 선명한 기억을 끄집어내는 유년시절의 어느 사건은 종종 나를 따라다닌다.

얼굴에 뽀얀 분을 바르고 예쁜 구두를 신고 아빠와 같이 시장에 나갔던 엄마는 무슨 일인지 일찍 돌아와서 누워계셨다. 그리고 어린 나를 데리고 동네 천변이 흐르는 다리 위에 올라가 내 뺨을 부비며 울었다. 해는 져버리고 어둠이 짙게 깔려오는 그 적막함과 암흑 같은 희미한 공간 안에서 물 흐르는 소리와 엄마의 우는 소리만이 들렸다. 알큰하고 쌉쌀한 술 냄새가 났다. 어둠이 무서웠고 엄마의 술 냄새와 눈물로 범벅이 된 뺨이 내 얼굴을 부비는 게 숨 막히고 답답했다. 불안했다. 도망가고 싶었다. "내 새끼, 가엾은 내 새끼, 우리 예쁜 내 새끼"만 반복했다. 한참을 울던 엄마가 갑자기 목소리를 바꾸었다.

"죽자, 같이 죽자. 엄마가 죽으면 너 가엾어서 어떻게 살아. 차라리 같이 죽자."

엄마가 나를 안았다. 점점 다리 난간으로 가는 엄마에게 본능적으로 매달렸다.

"엄마 안 죽을래, 살려주세요, 엄마 안 죽을래. 죽으면 안 돼, 엄마 나 안 죽을래."

울음은 거세졌고 엄마에게서 떨어지기는커녕 더 꼭 목에 매달려 절박한 두려움으로 울며 매달렸다. 어렸지만 죽음은 막연하게나마 격심한 공포였다. 살아야 했다.

그런데 엄마도 살려야 했다. 훗날 엄마가 말했다 "그때 네가 어찌나 목을 꼭 잡고 매달려 우는지 다리에서 떨어지기도 전에 목이 아프고 숨이 막혀서 먼저 죽는 줄 알았다"그러면서 내가 우는 소리에 술이 깼다고 했다. "안 죽어! 안 죽어! 죽지 말자 엄마."이 소리만 계속 반복하며 목을 꼭 잡는데 어린 손 어디서 그렇게 힘이 나오는지 아파서 술이 깨는 바람에 정신이 들었다고 종종 그때 일을 회상하면서 말로 재현하고는 했다.

"네 나이가 여섯 살이었지. 그때 너 아니었으면 엄마는 떨어져 죽었을지도 몰라."

아버지가 술을 마시고 와서 때리거나, 엄마가 험한 욕을 하며 체벌을 한다거나. 혹은 가난에 겨워 보따리 싸가지고 떠나는 엄마를 지켜본다거나 하는 그런 우울한 스토리만이 꼭 가정 폭력은 아니다.

천진했던 여섯 살 아이는 그때부터 아이답지 않게 훌쩍 커버렸다. 어두웠던 천변의 물소리, 흐느끼던 울음소리로 마음을 강타당한 여자아이는 술과 엄마의 눈물만 보면 멀리 달아나고 싶어지면서도 불안함으로 엄마의 주변을 맴돌기 시작했다. 그 두려움은 검푸른 빛을 띤 그 밤의 냇물처럼 정서적인 폭력이었다.

엄마를 지키려는 본능적인 애착과 도망가고 싶은 두려움의 또 다른 본능 사이에서 아이는 점점 제 감정을 드러내지 않았다. 엄마에게 잘해야 한다는 밑도 끝도 없는 책임감에 마음이 묵직해지기까지 했다. 사랑받아야 한다고 생각했다. 더 사랑받아야 엄마가 날 떠나지 않고 다리 위에 서지 않을 것이라 생각했을 것이다.

성정이 순한 기질도 있었지만 아이답지 않게 화를 내거나 불평을 하거나 하는 일이 점점 없어져 갔다. 엄마 아빠의 딸에 대한 애정 표현이 선명할수록 더 착해지려고 애썼다. 그 사랑이 좋으면서도 마냥 좋지만은 않았다. 부담이란 게 그런 것이란 걸 그 단어가 주는 뜻을 깨우치는 나이쯤 알게 되었다. 그때부터 알게 모르게 누르고 왔던 나의 본연의 기질들은 하나씩 하나씩 마음언저리 어느 곳에 묻혀지고 있었다.

떨리는 목소리의 〈켄터키 옛집〉 소녀는 대학생이 되어서도 무대 공포증을 극복하지 못하고 사람들 눈에 띄는 곳을 멀리했다. 노래를 좋아했지만 무대에 서야 하는 동아리는 일체 들어가지 않았다. 기왕이면 잘하고 싶었던 그 시절의 소녀는 완벽하지 않을 바에야 나서지 않겠다는 욕심을 숨기고 울렁증을 가장하여 위장하고 살았는지도 모르겠다. 그 어둠속 두려웠던 슬픈 기억이 내성적인 기질을 가진 아이를 움츠러들게 했다. 내심 욕심도 많아서 타인에게 인정받고 싶어 하는 욕구가 강했다. 그런데 욕구를 표현한다는 것은 마치 착하지 않은 것이라고 잘못된 생각을 하며 착하게 살기를 스스로에게 강요했는지도 모른다. 그냥 착하게 조용히 살면 엄마가 더 이상 다리 위로 가지 않을 것이라 생각했던 어린 마음이 씨앗이 되었다.

알고 보니 난 뒤에 서 있기보다는 주체가 되어 주도한 일에 책임을 지는 것을 조용히 즐기는 스타일이었다. 우연히 무대에 올라설 기회가 있었을 때 청중들의 반응에 가슴이 뛰는 것을 느끼고 생동감을 느꼈다. 그 순간 무언가 꽉 차오르는 기분이었다. 기쁨 같기도 하고 즐거움 같기도 했다. 그렇다면 난 무대를 싫어하는 사람이 아니었다. 단지 잘하고 싶어서 실수를 두려워했을 뿐이었다. 인정받고 싶어 하는 욕심이 더 많아서 실패하면 어쩌나 하며 피하고 싶었을 뿐이었다.

마흔이 넘어서야 그것을 알았다. 이제 무대를 좋아하는 것도 알아냈으니 내가 또 뭘 해야 가슴이 뛰는지 알아내기만 하면 되는 것이다. 아직 모르는 나에 대해서, 아니 숨어있던 진짜 나를 끄집어내는 일이 내 삶에 새로운 의미를 주기 시작했다.

'나답게 산다는 것'은 어린 시절 나를 사랑해 주지 못했던 그 겁 많은 꼬마에게 어른인 내가 보상하는 미안함의 선물이다.

# 사랑이라는 이름의
## 폭력

"내가 거기서 그러지 말랬지? 왜 따라와서 이렇게 속을 썩여! 엄마 가 몇 번을 말해, 그렇게 하지 말라고! 너 바보야! 찰싹!"

등짝을 매섭게 맞은 아이는 신기하게도 울지 않고 겁만 잔뜩 집어 먹은 얼굴로 움츠러들어 있었다. 울어봤자 더 혼날 것을 알고 있는지 눈물을 참으려고 눈을 꿈뻑거리며 땀에 젖은 얼굴을 쓰윽 닦고 공벌 레처럼 온몸을 다해 동그리고 있는 듯 보였다.

"사람들이 어떻게 보겠어? 너 때문에 다른 사람들 다치고 엄마도 다치면 네가 책임질 거야! 왜 정신을 못 차려, 이 웬수야! 응?"

여전히 어린 여자 아이는 말이 없었다. 소리 내어 울지도 못하고 속으로 삭히는 저 표정 안에는 온통 두려움과 억울함으로 오열하고 있는 소리가 들리는 듯했다. 별일 아니었다. 이마트 3층에서 4층으 로 올라가는 무빙워크에서 아이가 손에 쥐었다 떨어진 무엇을 줍느 라 주춤거렸고 엄마는 그걸 보고 한마디 하느라 무빙워크 끝에서 카 트를 밀고 올라가는 것을 놓쳐서 자칫 넘어질 뻔했던 것이다. 다행이 뒤에 사람이 바로 있지 않고 한참 떨어져 서 있었다. 한참 떨어져 있던 그 뒤의 사람이었던 나는 아이들 데리고 다니면 흔히 있을 수 있는 일이라 여겼다.

문제는 아이 엄마가 밀고 있던 카트가 끝부분에 걸려서 카트와 함께 덜컹 넘어질 뻔했다는 것이다. 내리자마자 구석으로 몰고 간 엄마는 아이를 쥐 잡듯이 잡기 시작했다. 너무 화가 난 나머지 사람들이 쳐다보고 있다는 생각도 못하는 듯 정신없이 큰소리로 아이를 다그치기 시작했다. 물론, 아이 키우다 보면 너무 속상하고 위험한 일이 생겼을 때 놀라서 화가 나기도 한다. 공공장소임에도 불구하고 아이를 훈육하는 일은 얼마든지 있을 수 있는 일이다. 그러나 공벌레처럼 말려지고 있는 아이를 몰아붙이는 엄마의 태도는 누가 봐도 훈육의 차원을 넘어선 화풀이 대상이다. 소리는 더 높아졌고 아이가 드디어 울음을 터뜨리자 찰싹거리는 소리가 거세졌다.

화가 났다. 한 아이의 엄마였던 여자로서 엄마의 딸이었던 여자 아이로서의 기억들 중 무엇인가가 오버랩되었는지는 몰라도 아이의 표정을 외면할 수 없었다. 아이 엄마는 이미 인상이 써진 내 눈에 거칠어 보였다. 노랗게 탈색된 머리끝에는 미처 손쓰지 못한 작은 똑딱핀이 데롱데롱 매달려 있었다. 말 한번 잘못했다가는 내가 외려 한 대 맞을지도 모를 것 같은 위압감을 주는 강한 포스였다. 사람들은 지나치다 멈칫 구경만 할 뿐 아무도 말리지 못했다.

"아유, 엄마가 속상했겠다. 저도 요만한 애 키울 때 이런 경험 있어요. 애기엄마 진정하세요. 애기 안 다쳤으니 다행이에요."

어디서 그런 변죽이 나왔는지 나도 모르겠다. 그저 아이를 저 순간에서 탈출시켜주고 싶은 마음만 있었다.

"애기도 많이 놀랐지? 이거 마셔."

아이의 땀에 젖은 얼굴을 쓰다듬어주면서 카트에 실려 있던 음료 하나를 따서 주었다.

"에휴, 애기엄마, 남자아이 안 키워 보셨구나. 남자아이들은 말도 못해요. 다반사예요 이런 일이. 그래도 예쁜 딸이라서 복 받은 줄 아세요. 이런 걸로 혼 내키다가는 남자아이들은 남아나질 않아요."

최대한 상냥하게 웃으며 아이엄마를 달랬다. 달래고 싶은 사람은 겁에 질려 땀범벅인 여자아이였으나 정작 분노의 대상인 아이엄마한테 오지랖쟁이 푼수 아줌마처럼 실실거리며 너스레를 떨었다. 하면서도 나도 놀랐다. 마음과 말을 이렇게 다르게 할 수 있는 천연덕스러움에 스스로 기특하기까지 했다. 잠깐 이 순간을 모면한다고 해서 그 어린 소녀가 또다시 그런 상황에 놓이지 말라는 법은 없겠지만 지나가는 행인 1로서의 최선의 역할은 우선 그것밖에 없었다.


"신이 모든 곳에 있지 못해서 엄마를 만들었다."

어디서 들었는지 보았는지는 몰라도 이 문구가 떠올랐다. 그렇다면 엄마란 존재는 신처럼 너그러워야 하고 신처럼 전지전능해야 하고 신처럼 공평하며 사랑이 그득해야 하는 것이다. 엄마가 자식에게 품는 그 모정이야말로 헌신적이며 희생적이며 무조건적인 것이

어야 했다.

　지독한 난산의 끝에서 정신마저 가물거릴 때 위험할지도 모른다
는 의료진의 꿈결 같은 말에 아이를 자궁 밖으로 우선 내보내야겠다
는 그 결심을 한 순간은 한 치의 의심도 없이 정말 목숨이 아깝지 않
았다. '애기만 살릴 수 있다면'이란  무조건적이고 헌신적인 결의는
순도가 깨끗한 원초적인 모성이었다.

　아이가 자라나면서 엄마의 감정을 대입시키고 엄마의 생각을 투
영시키고 아이를 통해 내가 느끼려던 대리만족이 일그러져가면서 그
게 정작 내 문제인 줄도 모르고 아이를 걱정하며 아이를 비판하게 되
었다. 공공장소에서 뛰어다니면 지나치게 단속하고 엄격했다. 다른
사람들에게 피해를 주지 말아야 된다는 공공의 사회질서를 가르친다
는 명목하에 내심 "뉘 집 아들인지 반듯하네. 교육 잘 시켰네."라는
타인의 말에 더 집착했는지도 모르겠다.

　필요 이상의 엄격한 공공질서 교육은 타인을 배려하는 마음 반, 엄
마의 체면을 망가뜨리지 말라는 마음 반으로 '적당한 훈계'를 넘어서
서 강압에 가까웠다. 지금도 아들과 커피숍 가서 크게 웃으면 아들은
입술에 검지손가락을 대고 쉿! 소리를 하며 되려 나에게 주의를 준다.

　"엄마 너무 시끄러워요."

　"아우야, 이 정도 웃는 것은 괜찮아. 사람도 많지 않은데 이 정도
소리로 웃지도 못하니?"

　"난 싫어요, 엄마. 공공장소에서 막 자기만 생각하고 떠드는 사

람들."

무안을 당한 엄마는 다시금 아들에게 인생은 좀 유연해야 할 필요성이 있다며 상황에 따른 '탄력적인 관점'을 이야기해보지만 아들의 머릿속 깊이 박힌 공식 같은 공공의식은 그 누구도 아닌 내가 어릴 때 심어준 것이었다.

예민한 아들의 반응은 그 시절, 지나치게 엄격한 잣대로 들이대었던 내가 뿌린 씨앗의 결과다. 뿌린 대로 거둔다는 말이 있다. 내가 필요에 의해 심은 씨앗에 나의 욕심이 들어갔으니 이제 내가 그대로 거두어들여야 하는 것이다. 아무리 둘러봐도 이 정도 웃는 소리는 그 누구에게도 피해를 줄 것 같지 않았으나 나는 손을 막고 웃어야 했다.

아들에게 미안했다. 이제와 돌이킬 수 없는 수많은 미안함들이 아들을 대할 때마다 종종 안개처럼 뿌옇게 떠다니곤 한다.

엄마라는 이름으로 내가 행했던 그 안개 같은 모정에는 순도 깨끗한 사랑만이 있는 게 아니었다. 세상에 태어나 가장 먼저 마주하는 애정 어린 사람이 엄마라는 존재이다. 어리고 힘이 약한 아이에게 엄마는 절대적이며 유일하기도 한 안식처이다. 엄마는 이제 막 태어난 티 없이 깨끗한 아이에게 뭉클한 사랑을 느끼고 '있는 그대로의 존재' 자체만으로도 감사하다. 거기까지는 엄마도 크게 바라는 게 없다. 그저 건강하기를 소망한다. 아이가 자라나면서부터는 내 아이는 좀 더 특별하기를 바라며 욕심이란 감정도 키우기 시작한다.

특별하지 않다면 남들보다 뒤처지지 않기라도 바라며 아이를 채

근하기 시작한다. 사회가 바라는 사람, 어디에 끼워놔도 안전한 부속품을 만들기 위해 온갖 스펙에 대한 정보에 민감하게 반응한다. 악착같이 투자하고 기를 쓰고 노력하며 아이를 든든한 스펙에 끼워 맞추려 한다.

"그나마 공부가 제일 쉬워. 세상이 얼마나 어려운 건지 알아?"

"돈이 남아돌아서 너 학원 보내는 거 아냐. 가고 싶어도 못 가는 애들도 많아. 감사한 줄 알고 배부른 소리 하지 마."

"지금은 엄마 원망해도 나중에 고마워할걸. 어쩜 그렇게 철이 없니?"

"어른이 돼서 대체 뭐 먹고 살라고 그래!"

"정신 좀 차려!"

아이가 반항하고 마음의 빈정이 상할 때마다 가시를 품고 내뱉었던 말들이 선명하게 떠오른다.

내가 악착같이 노력하던 양육은 잘 키우기 위해서라는 명분 아래 내가 원하는 모습으로 만들려고 했던 '사랑'이라는 포장을 덧씌운 또다른 폭력이었다.

그 성공이란 것도 아들이 진정 원하는 행복이 아닌 내가 생각하고 내가 상상한 나만의 착각과 잣대에서 기획한 철저한 '엄마만의 것'이었다. 자유로운 영혼을 꿈꾸는 아들에게 넌 이공계적인 피가 흐른다며 좀 더 획일화되고 안전해 보이는 길까지 서슴없이 권하기도 했다. 내 배를 빌어 태어났다고 내 소유도 아닌데 내 것의 일부인 양 '이래야 된다 저래야 된다'고 했다. 나조차도 그게 인생의 정답인 줄도 모르는 것들에 대하여 강요하며 상처를 주었다.

그 이유는 '엄마'도 불안해서이다. 엄마는 전지전능하지도 않고 무조건적으로 희생적이지도 않고 공평하게 사랑이 그득한 신이 아니기 때문이다.

엄마도 엄마의 엄마로부터 알게 모르게 강요당해온 '사랑'이라는 이름 아래서 아프고 힘들었지만 그것을 벗어나는 길을 잘 모르고 안개 같은 희뿌연 두려움으로 인해 사회가 권유하는 인생이 그저 제일 안전하려니 했을 뿐이었다. 아이의 생각보다는 타인들의 시선과 조언에 더 신경을 쓰며 엄마도 온전한 행복을 못 찾았기에 진짜 행복한 게 무엇인지 몰라서 그리 다그쳤을 뿐이다. 마트에서 아이를 몰아붙이던 엄마도 위험했다는 이유로 아이를 때렸고 그 위험의 뒤에 숨은 가면은 엄마인 자신 또한 어린 시절 상처받았던 무언가에 대한 화풀이였을지도 모른다. 대물림되는 듯한 상처의 반복은 서로 생채기를 내면서 자식이라는 어린 약자한테 먼저 드러내고 그리고 그 자식은 훗날 또 누군가의 부모가 된다.

지금은 사이좋게 커피숍에 앉아 아들의 눈치를 보며 손을 막고 웃고 있지만 그때 그 시절, 불안해하며 아이를 믿지 못하고 동동거리던 그때의 관심과 애정은 진짜 사랑이 아니었다. 사랑이라는 이름으로 휘둘렀던 '엄마의 결핍'이었다.

# 네가
# 내 스승이다

늦잠을 자버렸다. 부스스 일어나 커피부터 내리기 시작했다. 남편이 출근하는 것도 못 보고 푹 잔 아침은 너무 자서 그런지 눈까지 통통 부어 있었다. 핸드폰 벨이 울릴 때까지는 평화롭고 느린 오전이었다.

"오늘 몇 시까지 가실 거예요? 저하고 만나서 사진이라도 한 장 찍어요."

"네? 어디를 가요?"

"어머, 오늘 애들 졸업식이잖아요. 안 가세요?"

아이 친구 엄마는 졸업식을 모르는 내가 황당하다는 듯이 잠시 말을 멈추었다. 몽롱했던 아침의 기운이 화들짝 놀라서 정신이 번쩍 든 나는 아들 방으로 갔다.

"아들, 너 오늘 졸업식이래, 어떻게 된 거야?"

"아, 네, 오늘 졸업식 맞네요."

누워서 잠결에 대답하는 아들은 대수롭지 않다는 듯이 편안하게 대답했다.

"야. 근데 왜 엄마한테 말 안 했어? 졸업식 안 가?"

"갈까요? 엄마가 간다면 나도 가죠 뭐."

아들은 음의 고저 없이 별 갈등 없는 목소리로 담백하고 느리게 졸린 말투로 말을 했다.

"가자, 한 번밖에 업는 졸업식인데, 어떻게 졸업하는 학교인데, 엄마는 가야 되겠다."

아들의 고등학교 졸업식 날, 10시가 다 되어가는 오전에 모자지간의 쿨한 대화다. 10시 30분부터 시작하는 졸업식까지 가려면 옷을 걸칠 시간마저 빠듯했다. 넌 젊으니 뛰어가라며 아들을 먼저 보내고 부리나케 꽃집을 들러 꽃 한 다발도 준비했다. 공유가 나온 드라마 〈도깨비〉가 인기를 쓸고 간 시기라서 생화보다는 드라마에 나왔던 마른 목화꽃을 선택했다.

식장에 들어서니 고등학교를 야무지게 보낸 청춘들에게 무슨 무슨 명목의 시상을 하고 있었다. 뒤에서 보아도 그 많은 머릿수 중에 아들은 금방 찾을 수 있었다. 밝은 잿빛머리, 누가 봐도 튀는 염색머리는 전교에 딱 하나밖에 없는 듯, 밝은 그레이 뒤통수 하나가 금방 눈에 들어왔다.

대학을 가지 않겠다고 선언한 아들은 음악을 하겠다고 했다. 고3 때 밝힌 그 포부는 좀 당황스럽고 놀랍기까지 했다. 재주가 많았던 아이는 그림그리기, 글쓰기에는 소질이 돋보였으나 음악 쪽으로는 어떤 재능이 있는지 그때까지 한 번도 확인된 바가 없었다.

"너 초등학교 3학년 때 배 아프다고 해서 피아노도 그만뒀잖아. 기타도 한 달 밖에 안 쳐봤잖아."

"네, 악기는 할 줄 몰라도 음악이 좋아요. 그래서 해보고 싶어요."

자다가 남의 옆구리 긁는 소리 같았지만 19년이나 살아본 결과 아이의 고집을 알고 있다. 노래방에 가서 아이가 하고 싶어 하는 음악을 들어보았다. 생각보다는 잘했다. 하지만 일반인인 내 귀에는 그저 잘하는 정도였다. 천재성이라든가 소울이라든가 하는 놀라운 재능은 드라마틱하게 전달되지 않았다.

"엄마가 케이팝 스타 같은 걸 너무 봐서 그런가 넌 그냥 일반 사람보다 잘하는 거지 음악을 전문적으로 할 만큼 노래를 잘하진 않아. 좋아하는 거와 잘하는 것은 또 다르다."

"알아요, 난 가창력은 뛰어나지 않아요. 하지만 랩은 자신 있어요, 그리고 난 내 음악을 만들고 싶어요. 작곡도 하고 작사도 해서 내가 하고 싶은 말들을 어떤 형식에 얽매이지 않고 표현하는 래퍼가 되고 싶어요. 내가 좋아하는 것을 음악으로 표현해보고 싶어요."

"대학 가서도 네가 좋아하는 음악 얼마든지 할 수 있지 않을까?"

"대학은 가기 싫어요. 어차피 성적도 안 돼서 내가 가고 싶은 학교에 학과는 못 가요. 그렇다고 성적 맞추어 아무 대학이나 가는 것은 돈 낭비예요. 어차피 안 다닐 것이 뻔하니까요."

"그럼 재수는 도전해보고 싶지 않아?"

"네, 솔직히 대학을 왜 가야 하는지도 모르겠고요. 억지로 가봤자 등록금만 축낼 거고요. 재수 해봤자 공부 안 할 거고요. 아시잖아요 엄마."

'알다마다 뿐이겠니? 지난 5년간 치열하게 너의 질풍노도 청춘과 싸우느라 엄마가 이렇게 커버린 건데 왜 모르겠니.' 이미 그 고집을 알고 난 터라, 더욱이 고분고분하게 조언을 듣고 대학을 기웃거려볼 성격이 아닌 것을 알고 있는 터라 크게 반대하지 않았다.

"그래, 해보고 싶은 것이 그렇게 강렬하게 있다는 것은 좋은 일이야. 그런데 선택은 네가 했기에 그 책임도 이제 네 몫이야. 그것만 기억하고 있어주면 좋겠어."

아빠의 냉정하기 그지없는 쌀쌀한 반응에도 아이는 대학에 원서를 쓰는 일 따위는 하지 않았다.

고등학교를 졸업하는 일은 엄마인 나로서는 감개무량한 일이었다. 학교를 가는 날보다 안 가는 날이 더 많았던 아이는 담임선생님으로부터 출석일수에 대한 경고를 받았다. 더 이상의 결석은 졸업을 못하는 사유가 되니 1년 더 다녀야 할 수도 있는 지경까지 갈 수 있었다. 아침마다 아이에게 하는 말은 한결같았다.

"아들아, 이제까지 다닌 게 아까우니 졸업은 해야 하지 않겠니? 엄마는 졸업장은 받았으면 좋겠다."

그럼 마지못해 일어나 아들은 느지막이라도 학교에 등교했다. 친구들과 딱히 어울려 다니지도 않는 듯 보였다. 술도 담배도 게임도 취미가 없던 아이는 그저 침대에 누워 음악을 듣거나 밤이 되면 동네 천변을 걷는 게 다였다. 타인과의 마찰로 인한 말썽은 한 번도 일으키지 않았다. 그것만으로도 감사했다. 그렇게 마음이 단련되기까지 아들은 내 마음을 들었다 놨다를 반복하며 도 닦는 행위는 꼭 산에 들어가서 닦아야 웬지 닦일 것 같다는 편견을 깨부셨다. 아빠는 아들을 제대로 쳐다보지도 않았고 아들이 의지할 사람은 그나마 엄마였다. 점점 친구처럼 변해가는 난 아들과의 동거가 예전처럼 치열하지 않았다.

졸업식 노래로 015B의 〈이젠 안녕〉이란 노래가 흘러나왔다.

'우리 처음 만났던 어색했던 그 표정 속에 서로 말 놓기가 어려워 망설였지만~ 이제는 우리가 서로 떠나야 할 시간, 안녕은 영원한 헤어짐은 아니겠지요~ 다시 만나기 위한 약속일 거야~ 함께 했던 시간은 이젠 추억으로 남기고 서로 가야할 길 찾아서 떠나야 해요….'

분명히 가사의 배경이 아이들의 졸업식 노래인데 난 아이의 어린 시절부터 추억하던 장면이 슬라이드처럼 한 토막씩 스쳐갔다. 아기 입술이 벌어져 젖을 물리지도 못하고 부풀어 오르는 젖이 너무 아파 혼자 젖을 짜며 울기도 했던 일. 난산으로 인해 몸부림치던 젊은 산모가 누워서 쳐다보기만 했던 병원의 하얀 천정도 떠올랐다. 특수 우유병 꼭지마저 힘겹게 빨며 인큐베이터 안에서 꼼지락거리던 갓난쟁이의 애처로웠던 모습도 떠올랐다.

기절했던 산모가 깨어나서 아기를 처음 만나던 그때의 그 순간, 뻥 뚫리고 비뚤어진 입술보다 새끈새끈 잠자던 아기의 눈매와 표정이 더 가슴에 꼭 박혀 목이 메던 순간도 떠올랐다. 각종 대회를 휩쓸던 초등시절, 엄마를 교만하게 만들어주기도 했던 범생이 꼬마 아들의 까르르거리던 웃음도 떠올랐다. 싸우고 울고 다시 화해하고 또 치열하게 싸우던 아이와의 혈전이 벌어지던 주방 식탁도 떠올랐다. 미친놈처럼 굶고 다니며 밤에 나갔다 새벽에만 들어오던 그 애간장 녹이던 시간들도 떠올랐다.

아이와 함께했던 시간들이 영화의 엔딩 크레디트에 오르던 고생했던 스태프들의 사진처럼 한 장면 한 장면 천천히 지나갔다. 눈물이 주르르 흘렀다. 정작 졸업생 당사자들은 웃으며 아무렇지도 않게 담담하게 부르는 졸업가를 어느 학부모가 목화꽃 한 다발을 꼭 쥐고 서서 따라 부르며 눈물을 흘리고 있었다. 너무 바빠 움직이느라 미완성된 화장을 감추기 위해서 두르고 온 스카프는 요긴했다. 손수건 대신 사용된 스카프가 촉촉이 젖을 만큼 울고 난 후에야 아이들이 일렬로 교실로 퇴장했다. 복도에 늘어선 학부모들이 길을 내주고 그 사이로 졸업생들은 일렬로 퇴장한다.

"아들! 아들!"

활짝 웃으며 어찌나 큰 소리로 아들을 아는 체하며 손을 흔들었는지 아들이 무안함과 창피함으로 고개를 살짝 숙인다. 그러든가 말든가 "파이팅!"까지 해가며 주먹도 쥐고 높이 올렸다. 단연코 튀는 학부모였다. 튀는 머리색깔의 아들을 가진 엄마다웠다. 대학을 가지 않는 아들의 엄마는 기죽어 있지 않았다. 재능이 있는지 없는지조차 잘 모르겠는 음악을 한다는 아들의 엄마치고는 별 근심도 없어 보였다. 실제로 그러했다.

"와, 엄마 그 사이 사진을 왜 이렇게 많이 찍었어요. 졸업식 안 왔으면 엄마가 서운해서 어쩔 뻔했어."

아들이 싱긋 웃으며 기분 좋게 투덜거렸다. 식이 끝나고 학교 근처 식당에서 스파게티를 시켜놓고 난 아이의 빛나는 졸업장을 보고 또 보았다.

"와… 감개무량하구만. 아들아, 이 졸업장의 절반은 엄마 공로인 거 잊지 마라. 내가 너 졸업 못할까 봐 아침마다 학교 보내느라 전쟁한 시간들이 눈물겹게 스쳐가누나."

"아들아 너 고2 때 막 굶고 다닐 때 있잖아, 내가 너한테 너무 화가 나서 어쩔 줄 모르고 소리쳤던 기억나지? 그때 내가 너한테 했다고 생각한 최고의 악담이 뭐였는지 알아?"

"뭐였는데요."

"너도 나중에 딱 너 같은 아들 낳아봐."

아들이 웃는다.

목화꽃을 옆에 두고 〈도깨비〉 대사의 몇 토막을 넣고 내 마음을 우려 아들에게 마음으로 말한다.


너와 함께했던 시간들이 울고 웃고 행복했다. 심장이 하늘에서 땅까지 아찔하게 진자운동을 계속하였다.

함께 걸어왔던 모든 길과 쓴 소주만큼 넘기기 고독했던 그 울분들이 알고 보면 너를 사랑해서라고 말하고 싶었다. 엄마는 때로는 너무도 외로워 뒷걸음으로 걸었다. 아무도 없는 사막 같은 느낌이 싫어서 내 앞에 찍힌 발걸음을 보려고…. 그 외로움은 네가 만들어준 게 아니고 실은 엄마가 자처한 욕심이었는데 구실이 필요했다. 엄마는 그저 질문하는 자일 뿐, 너의 행복은 내가 안내하는 게 아니었다. 답은 네가 찾아라. 나도 이제 나의 답을 찾아 성장할 테니 정답 없는 이 생에서 가장 당당하게 너만의 열쇠를 따고 들어가렴. 너보다 조금 더 많이 살았다는 이유로 엄마가 더 많이 안다고 생각해서 소리쳤던 그 많은 상처들은 딱지가 빨리 앉아 단단해지기를…. 잘나지 못한 엄마가 잘나지 못한 아들을 만나서 겸손을 배웠다고 생각했는데 아니었다. 너는 잘 났다. 나를 이렇게 성장시키고 있으니까.

네가 나의 스승이다.

3장

혼자 있는
시간의 힘

# 천변에서 누리는
# 혼자만의 시간

아이가 음악을 한다고 서울로 갔다. 악보는 볼 줄 아는지조차 모르겠지만 모르면 공부하면 되는 것이고 좋으면 좋은 만큼 해보면 되는 것이고 하다가 아니다 싶으면 다른 것을 찾아보면 또 되는 것이다. 젊다는 것은 그만큼 많은 가능성이 열려 있는 선물 같은 혜택이다. 가고 나서 아들의 텅 빈 방을 보며 일주일간은 마음 둘 데가 없는 듯 허전하고 애틋하고 또 시원하기도 하고 걱정이 되기도 했다.

아들은 고생길을 자처했다. 월세와 아주 기본적인 최저 용돈만 대주고 나머지는 스스로 아르바이트 해서 살아보기로 했다. 본인이 선택한 길이니 이외에 비용은 스스로 책임지라는 아빠의 단호함도 아들이 하고 싶어 하는 것을 꺾지는 못했다.

오후 3시만 되면 오던 아들의 간식 걱정도 없어졌다. 일찍 일어나 깨울 일도 없어졌다. 일이 바빠진 남편마저 손가는 일로 신경을 덜 쓰게 하였다. 매일 안부를 살피고 보살펴드려야 할 엄마는 요양원에 들어가시고 엄마로서의 시간, 딸로서의 시간으로 살았던 묵직한 무게의 시계가 멈춘 듯했다. 분침과 초침이 일시에 정지해버린 것 같은 시간은 처음에는 나를 아무것도 하지 않고 무기력하게 만들어버렸다. 긴장이 풀리고 맥 빠져서 넋이 나간 양 앉아 있는 지친 마라토너 같기도 했고 이른 새벽 너무 일찍 일어나버려서 멋쩍어 하며 마당을 서성이는 할 일이 없는 한량 같기도 했다. 하루 종일 음악만 들은 날도 있었고 어떤 날은 즉흥적으로 봉사활동 할 곳을 찾아 일부러 몸을 고단하게 만든 적도 있었다.

겨울이 지나고 봄볕이 간질이기 시작할 때부터는 밖으로 나가 몸을 움직였다. 주로 혼자였고 혼자서 보고 느끼기 좋은 곳들을 물색하기 시작했다. 어느 아침에는 아파트 천변을 따라 2시간이나 걸었고 어느 아침에는 걷다가 천변에 주저앉아 토끼풀 꽃을 잔뜩 따서 일일이 꼬아서 왕관을 만들기도 했다. 그걸 좋다고 머리에 두르고 다니다가 사람이 오면 얼른 벗기도 했다. 나이 마흔을 훌쩍 넘긴 아줌마는 치열했던 학부모로서의 쓸데없었던 브랜드 라벨을 떼어버리고, 근심이 태산이었던 외동딸로서의 계급장도 떼어버리고 마치 소녀로라도 회귀한 듯 이상하리만치 혼자서 발랄하게 돌아다녔다. 비가 오는 날이면 우산을 쓰고 천변을 거닐기도 하는데 눈에 띄는 들꽃 중 하나를 꺾어 귀에 꽂고 다니기까지 했다. 흡사 비 오는 날 꽃 꽂고 다니는 여자의 괴담을 연출할 만큼 날 궂이의 정석을 몸소 실천하기도 했다.

애정 하던 천변을 돌아다니다 보니 쓰레기가 곳곳에 눈에 띄기도 한다. 어디서 집게 하나 얻어가지고 쓰레기봉투 하나 손목에 걸치고 모자를 푹 눌러 쓰고 마스크까지 완전 무장한 채 쓰레기를 주우러 다니기도 했다. 이때는 꼭 심수봉 노래나 아델의 노래를 지정곡처럼 들으며 몸을 실룩거리면서 리듬에 맞추어 걷기도 한다. 모자와 마스크가 주는 용기는 점점 대범해져서 도중에 한 바퀴 빙그르 돌며 생전 추어보지도 못했던 스텝도 밟아준다. 음악이 친구가 되어 주었고 마음을 비우지 못해서 치열하게 투쟁했던 지난 시간의 상처들이 경험치 만큼 쌓이면서 조금씩 내려놓기도 할 수 있었다.

천변을 지나가다 보면 위에 차도가 있는 큰 다리가 있는데 그 다리의 커다란 기둥에는 항상 낙서가 그려져 있었다. '선정 & 영훈 영원한 사랑 뽀에버' 유달리 크게 돌로 꾹꾹 눌러 새겨 넣은 듯한 문구가 눈에 들어온다. 그 글귀는 마치 결계라도 치는 양 큰 하트 안에 담겨져 야무지게 새겨 있었다. 꽤 오래전부터 보아온 것 같으니 분필이나 다른 도구로 칠해진 다른 어떤 것들보다 돌로 긁어 새긴 한 땀 한 땀의 정성이 들어간 글귀는 또렷했다. 이 친구들은 지금도 여전히 사랑하고 있을까? 그때 돌을 쥐고 서로 달달한 마음으로 새겼던 열정과 뜨거웠던 그 마음은 아직도 여전할까. 누군가를 사랑할 때 뛰었던 심장의 박동수가 빨랐던 것은 기대와 설렘 때문일 것이다. 기대가 깨지고 설렘조차 밋밋해져 버렸을 때 사랑이라고 외쳤던 감정들은 어느 순간 아무것도 아닌 것들이 되어버린다. 사랑의 호르몬이 충만하게 요동치던 시절의 그 순간들은 너무 예쁘고 아름답다 생각했는데 그게 곧 아픔이 되고 잊어버리고 싶은 기억이 되기도 한다. 묵직한 그리움이 통증으로 자리 잡아 추억이라고 생각했던 것들조차도 도려내고 싶어지기도 한다.

사랑할 때는 그냥 사랑만 하면 되는 것인데 그게 마음처럼 잘 안 된다. 사랑이라는 이면에는 치밀한 계산이 깔려서 스스로가 그 감정 안에서 저울질을 하며 기울어지는 무게에 따라서 미안해하거나 혹은 상처받았다고 고통스러워한다. 내가 더 많이 사랑한 것이 아픔이 된다는 것은 사랑을 주면서 무엇인가를 희망하고 바랐다는 것이다.

기대한 만큼 돌아오지 못했을 때 우린 상처받고 내가 딱 기대한 만큼만의 크기로 통증이 오는 대가를 치른다. 내 사랑도 그랬다. 아들을 사랑한다고 하고서 기대한 만큼 돌아오지 못했을 때 내 사랑이 상처받았다고 생각했다. 엄마 마음을 몰라주는 철딱서니 없는 여드름 호르몬 개까칠이라고 생각했다. 그런데 알고 보니 그 밑바닥에는 치밀한 계산이 깔려서 나에게 속삭이고 있었다.

'내가 원하는 삶을 살아주길 원해. 그것이 내가 너에게 베푸는 사랑에 대한 기대와 조건이야.'

현장 안에서 아웅다웅하며 같이 진흙탕에서 뒹굴고 있을 때는 몰랐다. 나는 깨끗하고 청렴한 엄마의 사랑으로 하얗게 다림질한 옷을 입고 얼룩진 아들의 옷을 빨며 속상해하는 줄 알았다. 그 안에서 나와서 나를 바라보니 내가 얼마나 얼룩진 옷을 입고 깨끗한 척했는지 알겠다. 내가 만든 프레임 안에서 그 세상이 전부인 줄 알고 재고 따지다 보니 그밖의 세상을 말하는 이들을 경계하고 그 밖을 엿보는 아들을 가두려하다가 좌절한 우물 안 개구리 엄마였을 뿐이다.

내가 살고 있는 아파트 바로 근처에 있는 갑천변에는 새들이 제법 많이 날아온다. 학처럼 보이는 다리가 긴 새가 물 가운데 불쑥 솟은 바위 위에서 고고한 자태로 쉬고 있다. 무리지어 다니지 않고 두세 마리 정도가 항상 날아들어 쉬곤 했었는데 가까이 있지도 멀리 떨어져 있지도 않은 채 항상 붙어 다니곤 하는 것 같았다. 지나치게 친밀해 보이지도 않았고 외로워 보이지도 않았다.

사랑에도 거리가 필요했다. 상대에게 다가가는 거리에는 적어도 내 자아가 뒤틀리지 않을 만큼의 적정선을 유지해야 한다. 너무 깊숙이 다가가지도 말고 너무 동떨어져 있지도 않은 안전거리가 필요하다는 것을 알았다. 비가 오면 비를 피할 곳을 찾아 헤매다가도 비가 그치면 편안한 빗소리가 그리워 섭섭해지기도 한다. 볕이 따가우면 그늘을 찾다가도 그늘이 서늘해지면 따사로움을 찾아 다시 나온다. 풍족하다 싶으면 넘친다 탓하고, 부족하다 싶으면 결핍이라 원망한다. 너무 가까우면 떨어져 있고 싶고, 떨어져 있으면 다가가려 애쓴다. 과잉도 못마땅해 하고 결핍도 못 견뎌한다.

결국 어느 장단에 춤을 추라는 것인지 스스로도 스텝이 꼬여 버리기도 한다. 사람마다 안전거리가 다 다르겠지만 적정선의 거리에서 지켜봐주는 사랑은 상대에 대한 배려이기 이전에 내 마음에 대한 보살핌이다. 자주 거리를 놓쳐서 딱지를 떼고 자잘한 접촉사고를 당해 본 사람만이 알 수 있는 그 순간의 느낌, 그럼에도 멈추지 못해 스스로를 자책하거나 미련스럽다고 후회해도 이미 거리는 이탈되어 길을 잃어버린다. 멈출 때와 나아갈 때를 구분하지 못하고 눈시울을 붉혔을 때는 이미 안전거리 미확보를 위반한 때다.

우리는 어쩌면 사람을 사랑하는 게 아니고 사랑을 사랑하는 것이다. 내가 한 사랑을 사랑하는 사람들은 내가 생각하는 그 사랑의 모양이 깨졌을 때 사람도 버리고 사랑도 없다고 말을 한다.

잔잔하고 넓은 물이 고인 천변의 중앙에 다다를 때면 난 항상 납작한 돌을 찾는다. 중심을 잡기 위해 손가락 하나를 펴서 하늘을 찌르며 균형을 맞춘다. 볼일 보고 있는 자세마냥 앉아서 돌이 떨어지는 각도를 최대한 낮춘다. 그리고 납작한 돌을 평행으로 힘차게 던지면 통통 튀며 앞으로 나아간다. 파바박! 물수제비가 떠진다.

처음에 던졌을 때는 그냥 풍덩하고 물 가운데 돌 던지는 모양새밖에는 안 나왔다. 둔탁하고 퉁명스런 플레이였다. 어깨에 힘을 빼고 손목의 스냅을 이용하여 힘껏 던지라는 유튜버들의 폼을 베껴 봐도 내가 깨닫지 못하면 그냥 열심히 고른 돌만 다 날아가버리는 것이다. 아무리 고르고 고른 날렵한 자갈 돌이라도 두 번 이상 튕겨나가지 못했다.

날렵하고 가벼운 영혼을 지닌 신의 전사처럼 돌을 날려 물수제비를 뜨는 영상을 보고 저 사람의 손은 태어날 때부터 다른 무엇인가를 가지고 있는 것이라는 생각까지 들었다. 그렇게 쭈그리고 앉아 잔잔한 물만 보면 던지다 보니 어느 순간 잘하려는 욕심보다는 그냥 물이 보여 돌을 던질 뿐이라는 가벼운 취미처럼 습관적이 되어버렸다. 잘하려는 힘을 빼니 물수제비가 내 손으로도 떠졌다. 물가에서는 똥

손인 줄 알았는데 내 욕심과 힘이 들어간 과잉 의욕이 평범한 내 손을 똥손으로 만들어버린 거뿐이었다. 물수제비가 잘 떠지는 날에는 거리가 멀리 나가고 어떤 날에는 코앞에서 돌이 가라앉기도 한다.

내가 지키고 싶어 하는 거리는 나만의 시간을 가지면서 서성이다 알아낸 것들이 많다. 혼자서 생각할 수 있는 시간과 오롯이 나에게만 집중할 수 있었던 시간들이 준 선물은 내가 감당할 만큼의 거리 개념이다. 돌이 멀리 나가든 적게 나가든 나는 돌을 골랐고 그것을 물가에 던졌을 뿐이고 그냥 물수제비를 떴을 뿐이다. 돌이 나간 거리보다는 '오늘도 던져 봤네'란 내 마음의 거리가 길지도 짧지도 않게 가뿐해졌을 뿐이다.

# 손을 꼭 잡았다

복통은 갑작스레 왔다. 저녁을 먹고 세수를 하러 갔는데 갑자기 아랫배가 콕콕 쑤시는 듯했다.

양치를 겨우 하고 물컵을 놓다가 떨어뜨렸다. 극심한 복통이 밀려오면서 데굴데굴 굴렀다. 응급실로 실려 간 나는 어떤 조치가 있었는지도 모르게 정신이 혼미하리만치 통증에 시달렸다. 정확한 정밀검사가 이루어지려면 내일 아침까지는 지켜봐야 한단다.

동네 인근의 소규모 병원으로 이송되어 응급처치만 받은 나는 계속 구역질날 만큼의 통증으로 인해서 밤새 배를 움켜잡고 있었다. 그런 극심한 복통은 처음 겪어본 고통이었다. 엄마는 뭐 먹고 잔뜩 체했나 싶어 답답한 마음에 가까운 병원으로 싣고 왔는데 병원서도 내일 아침까지는 지켜보자는 말밖엔 딱히 처방이 없는 듯했다. 스물 한 살의 젊은 여자는 아이를 낳는 고통이 이 정도라면 애는 나중에 못 낳겠다라는 생각까지 하며 베개를 움켜쥐고 몸을 오그렸다 말았다 어찌 할 줄 모르고 있었다. 마침 트럭에 타 있던 일가족도 교통사고를 당해 아이 둘과 엄마 아빠가 나란히 응급실에 누워 있었다.

아이들은 가벼운 타박상에 얼굴에 상처만 있는 듯 괜찮아 보였고 아빠는 다리를 좀 다치고 엄마는 머리에 가벼운 붕대만 감고 그냥 왔다 갔다 하는 듯 보였다. 천진한 아이들은 응급실을 돌아다녔고 간호사들의 주의를 여러 번 받고 있었다.

응급실의 모든 상황이 말도 안 통하는 남의 나라에 온 듯 낯설고 이질적이었다. 이렇게 배가 아프다 죽을 수도 있겠구나 싶었다. 그 순간 가장 간절했던 것은 복통이 멈추어지는 것 하나뿐이었다. 이런 낯설고 서늘한 환경에서 죽는다는 것이 끔찍이도 싫어지면서 허망하게 여겨졌다. 낭만적인 죽음까지는 바라지 않았어도 이런 죽음은 상상 이상으로 두려우면서도 삭막했다. 어제 이 시간 집에서 편히 누워있던 침대에서의 그 시간이 미치게 그리웠다. 통증이 없었던 일상의 평범했던 모든 것들이 다 간절했다. 검사가 이루어질 때까지 진통제 투여를 못 받은 난 토악질이 날만큼의 복통과 싸우며 긴긴 새벽을 견디고 있었다.


그때였다. 응급실을 돌아다니던 단발머리 꼬마 여자아이가 다가왔다. 이런 상황이 무엇인지 아무것도 모르겠다는 듯이 천진한 눈으로 내 침대를 서성이고 있었다. '이 언니는 왜 이렇게 번데기처럼 말아서 누워 있나' 하는 눈치로 내 앞에 다가왔다.

잠시 통증이 풀린 나는 뭔가 내가 살아 있음의 확인이 필요했다.

"몇 살이야?"

"다섯 살."

"넌 안 아파?"

"여기 무릎 멍들고 여기도 파래요. 오빠는 이마 찢어져서 막 주사 맞고 그랬어요."

"응 용감하네, 씩씩하고."

손을 내밀어 보았다. 의구심 없이 고사리 같은 손이 내 손을 잡아 주었다. 때 구정물이 흐르는 치기 어린 얼굴 위로 호기심 많은 눈의 어린 꼬마 아이는 그때 나에게 절박한 위안이었다. 작은 손이 그 순간 그렇게 위로가 될 수 없었다.

나의 두려움을 조금이라도 고사리 같은 손이 나누어 갖는 것 같았다. 소독약품 냄새가 나는 병원의 한가운데서 생명력 넘치는 채송화 같은 식물냄새가 나는 아이는 나에게 그 순간 선물이었다. 원인도 속 시원히 밝혀진 게 없이 그다음 날 오후에 퇴원한 나는 그 끔찍했던 복통이 꿈만 같았다.

그 후로 이십 년 후 비슷한 통증이 엄습해 왔다. 시간이 오래 흘렀지만 몸이 기억했다. 통증에 대한 공포감이 올올히 살아나면서 소름이 끼쳐왔다. 열까지 나기 시작하면서 이번엔 큰 병원 응급실로 갔다. 이유를 알 때까지 입원해 있으라 했다. 밤 사이 수많은 검사를 했는데도 원인이 밝혀지지 않았다. 진통제가 들어가기까지 진땀을 흘리면서 누워 있어야만 했다. 아침에 혼자 힘으로 일어날 수가 없었다. 얼굴이 끈적거려도 세수를 하러 갈 수도 없었다. 하룻밤 사이에 일상의 아무렇지도 않았던 평범하고 사소한 일들이 불가능한 일들로 바뀌어져버렸다. 내 힘으로 벌떡 일어나는 일, 앉았다가 일어나는 일, 물 마시러 가는 일조차 더 이상 나에게는 쉬운 일이 아니었다. 원인을 알 때까지 별수 없이 병원에 있으면서 병원 천장만 쳐다보았다. 더 이상 내 몸이 내 몸이 아닌 것과 같은 몸과 낯설게 동거를 하게 되었다. 언제나 내 마음대로 될 줄 알았던 나의 몸이, 이렇게 기습적으로 저항할 줄은 예상하지 못했었다.

아무렇지도 않게 세수를 하고 머리를 감을 수 있었던 어제 아침의 일상이 그렇게 그리울 수가 없었다. 몸이 불편해지니 마음이란 놈도 하룻밤 사이에 확연히 겸손해지고 있었다. 그 순간 간절했던 것은 내 손으로 머리를 감고 고개 숙여 냉장고 야채 칸을 뒤져서 사과를 꺼내 먹고 해질 무렵 산책을 하는 그런 사소한 일이었다. 내가 너무도 당연하다고 생각했던 일들이 그렇게 소중한 일인지는 병원에 누워서 아무것도 하지 못하고 결과만 기다리면서 알게 되었다.

삼 일째부터는 화장실 거동을 할 만큼 왔다갔다 할 수 있었다. 2인실로 옮긴 나는 링거를 주렁주렁 포도송이처럼 매달은 할머니와 같이 방을 쓰게 되었다. 기침이 심한 할머니는 혼자서 중얼중얼하다가 급하게 간호사를 찾기도 했다. 아침에만 아들인 듯한 사람이 다녀가고 하루 종일 혼자인 할머니는 계속 앓은 소리만 하셨다. 오줌주머니를 달고 있던 할머니는 거의 일어날 일이 없다는 듯이 식사조차도 우유같이 생긴 링거액으로 대신 하는 것 같았다. 기침을 갑자기 숨이 멎듯이 요란하게 하셨다. 많이 불편한 것 같아 간호사를 부르기 전에 일단 링거를 끌고 어기적거리며 할머니에게 다가갔다. 할머니가 갑자기 내 눈을 쳐다보시며 고통에 겨워 올려다보셨다.

"할머니 괜찮으세요? 간호사 불러드릴까요?"

기침이 멎은 할머니는 손을 뻗친다.

"어디가 아파?"

"전 배가 아픈데 이제 괜찮아요. 할머니는 어디가 불편하세요?"

"물 먹고 체했어. 물 먹고 체하면 약도 없대. 원래, 가슴이 너무 아파. 숨도 안 쉬어져. 방망이로 누가 두드리는 것 같아."

그리고는 가슴을 말아서 쥐고 다시 손을 내밀었다. 꼭 잡아 드렸다. 마르고 버석거리는 손은 나뭇가지 같았다. 살이 오른 손이 잡아지니 할머니가 간절한 눈으로 쳐다보신다. 한참을 잡고 있었다. 그때 복통으로 죽을 것 같았던 응급실의 한가운데서 꼬마 아이가 내 손을 무심코 잡아주었을 때 느꼈던 사람의 생명력 같은 온기를 할머니도 느끼셨을까. 할머니와 나는 몸의 고통이 절정에 다다랐을 때 느껴지는 두려움 가운데의 절박함을 공유라도 하듯이 한동안 가만히 그러고 있었다.

중국 속담에 이런 말이 있다.

"기적은 하늘을 날 거나 바다 위를 걷는 것이 아니라 땅에서 걸어다니는 것이다."

두 발로 걷는 것조차 몸이 말을 안 들을 때의 답답함을 느껴본 사람은 안다. 두 발이 땅을 내딛으며 걸을 수 있다는 것은 감사한 축복이라는 것을, 하늘을 날고 물 위를 걷는 것만이 기적이 아닌 것임을 안다. 땅 위를 걷는 것쯤은 너무나 당연한 일인 줄 알고 있던 사실이 현실이 아니게 될 때 사소했던 것에 대한 절실함을 그 순간 깨닫게 한다. 그리고 그저 남의 손이라 생각했던 두 손들이 맞잡았을 때 느껴지는 그 온기에 통증을 잠시 잊고 또 다른 생명력에 위안을 받으며 작은 힘을 얻는다.

내가 살았던 소소한 일상이 때에 따라서는 '기적'이라는 것을 깨달을 때는 어리석게도 건강할 때가 아니고 아플 때이다. 건강할 때 누릴 수 있었던 기적은 고마움이 아니었다. 기적이라고 깨닫기 위해서는 혹독한 대가를 치러야 알아낼 수 있는 것들이 많다. 도처에 널린 일상이 기적이라면 우리는 왜 행복하지 않게 살고 있는 것일까?

스무 살 된 아들이 물었다.

"엄마, 엄마는 행복이 뭐라고 생각해요?"

"불행하다가 그 불행에서 막 빠져나왔을 때 행복을 느끼는 것 같아. 다시 말하면 불행해 봐야 행복을 느끼는 거지."

"그럼 행복하려면 불행해 봐야 한다는 거예요?"

"응, 계속 행복하면 그게 행복인 줄 몰라. 그냥 평범한 일상인 줄 알지. 어떤 사람은 눈만 보여도 행복할 수 있고 어떤 사람은 걷기만 해도 소원이 없다고 하며 행복할 수도 있어. 그런데 눈도 보이고 두 다리도 말짱한 우리는 이것 때문에 행복하지 않잖아. 행복은 자신이 바라보고 있는 마음의 크기만큼 다 달라. 내 마음에 담을 게 많으면 남들이 보기에 별거 아닌 것에도 행복한 거고, 담을 게 적으면 아주 큰 기쁜 사건이 일어나도 대수롭지 않을 수도 있어."

"그럼 불행이 행복을 낳을 수 있으니 불행이 '행복이 엄마'겠네요."

아들이 장난스럽게 받아치며 웃는다.

입원했다가 일주일 후 역시 원인 미상으로 퇴원을 한 나는 건강해짐과 동시에 관성이라는 무서운 놈과 또 서슴없이 손을 잡았다. 그때 느꼈던 절실함, 감사함, 사소한 것들에 대한 그리움이 이제 당연하다는 듯 또 아무렇지도 않게 생각해 버리며 손으로만 끄적이고 입으로만 외치며 '감사 감사'를 떠들고 있었다.

매 순간 살아가고 있는 선물 같은 이 시간을 내가 가지고 있지 않은 상대적인 것들과 비교를 하며 소중한 줄 모르고 마구 흘려보내는 것은 아닐까? 내가 가진 것들에 대해서 진심으로 얼마나 충분히 감사한가?

행복은 행운이 다가와서 생겨지는 사건이 아니고 내가 가지고 있는 것들을 행운으로 만들어 버리는 '선택'의 문제라는 생각이 들었다.

몸이 주는 통증은 어쩌면 고마움을 알아차리라는 교만한 나에 대한 가르침일지도 모른다. 이제 막 죽을지도 모르겠다는 극심한 통증의 공포감을 느껴본 그 순간 안다. 숨이라도 고르게 쉴 수 있었던 평범했던 일상이 얼마나 그리운지….

# 엄마가 아빠와
# 살았던 이유

"내가 살아온 거 이야기로 쓰면 책 열 권도 더 나와, 말도 마라, 네 아빠가 속 썩인 거 생각하고 네 큰고모란 게 날 못 잡아먹어서 안달 난 거 다 쓰자면 열 권이 뭐냐."

엄마는 항상 자신이 겪었던 지난 시절의 고생과 수난들은 남보다 특별하다고 생각했다. 아빠가 돌아가시고 2년이 지났을 때 조촐하게나마 엄마의 환갑잔치를 했다. 작은 홀을 빌려서 음악을 틀고 엄마의 형제와 지인들을 초대해 노래를 불렀다. 잔치가 끝나고 집으로 오시는 분들을 위해 분주하게 국수를 삶고 머리고기를 내어놓고 그날은 내가 머쓱해하거나 주춤해하던 모든 일들을 아무렇지도 않게 웃으며 살갑게 척척 해내었다.

아빠 돌아가시고 친척 어른들이 찾아와 입양한 아이 되돌려 보내라고 엄마에게 함부로 했던 일, 아빠의 영정사진 앞에서 언니가 오빠를 굶겨서 저리 삐쩍 마르게 돌아가셨다고 악다구니 쓰던 큰고모한테 난생처음 소리를 치며 울부짖었던 일, 도망가고 싶고 회피하고 싶었던 그 시간의 한가운데서 나와 엄마는 뭉쳐야 살았다. 마음으로는 열두 번도 집을 뛰쳐나가고 싶고 멀리 떠나는 내 모습의 상상을 반복하지만 내가 엄마에게 유일한 지원군이자 버티는 힘이란 걸 알기에 마주하기 싫은 사람들을 조용히 상대해가며 그냥 시간이 흘러가기를 빌었을 뿐이다.

대단한 가문도 아니면서 집안의 핏줄에 엉뚱한 아이가 들어와 이렇게 되었다는 친척 어른들의 수군거림에서 엄마는 담대한 척했으나 날카로운 가시바늘이 일일이 문양을 새기며 몸에 꽂아지고 있는 듯 보였다. 앞에서는 초연했고 뒤에서는 예민한 칼날에 베인 듯 쓰라려 했다.


"무슨 환갑잔치야. 아빠 돌아가신 지 얼마 안 돼서 잔치한다고 동네 사람들 욕해."

"내가 해주고 싶어서 그래. 돈 많이 안 들어. 알아보니까 홀만 빌리고 음식 좀 맞추면 돼."

이제 스물네 살이 된 딸내미가 마음 고생한 엄마에 대한 작은 보상이라도 해주고 싶었다. 엄마에 대한 도리도 있었지만 뭐라뭐라 입방아에 올려서 엄마를 생선 취급했던 친척 어른들의 도마 위 난도질에 대한 보란 듯한 오기이기도 했다. 사람 좋아하고 나누는 것 좋아하고 또 인정받는 것 좋아하는 엄마에게 체면과 자존심은 나름 생명과도 같은 버팀목이었다. 근 몇 년간 그것이 통째로 무너졌다. 아빠가 돌아가시고 나서 이리 휘둘리고 저리 휘둘리고 구설수에 오르고 경제적으로 궁핍해진 엄마는 지천명을 갓 넘긴 나이에 보험회사 설계사로 취직을 했다. 사회생활이라곤 아득한 젊은 시절에 해본 게 전부인 엄마는 딱히 할 게 없었다.

몸 고생 하는 단순노동은 자신 없던 엄마는 입양한 어린 아들을 위해 무언가 생계를 이어갈 대책이 필요했다. 지인들을 향한 보험 상품가입 권유를 위해 아침부터 전쟁 같은 전화통화로 하루를 열기도 했다. 피 한방울 섞이지 않은 아이를 돌려보내라고 할 때 죽어도 키우겠다는 결의에 찬 책임 일 순위는 우선 돈벌이였다. 남한테 아쉬운 소리 하는 게 가장 힘들고 어려웠다던 엄마는 점점 뻔뻔하리만치 적응해 나아갔다. 수당에 집착하고 보는 사람마다 새로운 보험 상품에 대하여 권유를 하느라 열을 올렸다. 걱정의 대부분은 말일 마감이었고 기쁨의 대부분은 신규고객들의 보험가입이었다. 늦은 나이 치열하게 몰두하던 엄마는 짜증이 늘어가고 두통이 잦아지고 있었다.

막상 잔치를 시작하고 나니 엄마는 입가에 웃음을 감추질 못했다. 새댁 같은 얼굴에 무슨 새삼스런 환갑잔치냐고 동네사람들의 익살스런 반응에도 좋아라 하는 것을 숨기지 않았다. 그때 잔치현장을 녹화했던 비디오테이프는 신주단지 모시듯 하면서 돌려보고 또 돌려보면서 엄마는 울적할 때마다 틀어놓는다고 말했다. 잔치가 싫다고 그리 말씀하셨어도 막상 안 해줬으면 어쩔 뻔했을까 하는 생각이 들만치 엄마는 사람만 모이면 비디오테이프를 틀어놓곤 하셨다.

"엄마, 테이프 닳겠어. 그리고 사람들 많이 모였을 때 틀지 좀 마셔. 다른 사람들은 자기 말고 다른 사람 잔치에는 관심 없어."

"내비둬, 엄마 낙이야. 그거 보면 아, 내 딸이 저렇게 해줬지 싶어 서 엄마는 신통방통하고 기분 좋아. 엄마가 무슨 낙이 있겠냐. 저런 거라도 보고 기분전환하는 거지."

"그니까 엄마 혼자 보셔, 삼촌들 올 때마다 트니까 삼촌들이 지 겨워하셔."

"지들 얼굴도 나오는데 왜 지겨워해. 내비둬 엄마가 테이프를 돌 리든 말든 넌 너 할 일 하면 되잖아. 동네 다 물어봐도 딸내미 하나가 환갑잔치 열어준 집은 엄마밖에 없어."

엄마는 그것을 많이 뿌듯해하는 듯 보였다. '내 이래 봬도 내 새끼 는 효녀다'라는 것이 내세우고 싶은 엄마의 자존심이었다.

"엄마, 엄마는 왜 아빠하고 그렇게 끝까지 사셨어. 나 중학교만 가 도 아빠하고 헤어지신다더니."

"너 때문이지. 내 새끼 엄마 아빠 이혼한 자식 안 만들려고. 그래 도 네 아빠가 인물이 너무 반조롬해서 여자들이 하도 시끗징글하게 따라서 그렇지, 수캐마냥 일만 안 저지르고 다녔으면 네 아빠만 한 사 람이 어딨냐? 말도 다정하게 해, 상냥해, 착해, 손재주도 좋아. 계집 년들이 귀신같이 알고 좋다고 따라붙으니까 헤벌쭉한 건 죄지만 그 래도 네 아빠는 밖에서 애는 안 만들고 다녔어."

"에이, 엄마 아빠 좋아했으면서 왜 나 때문에 산 것처럼 아직도 나 에게 덮어씌울까."

"좋아하기는 개뿔이다. 난 네 아빠 무덤가 근처에도 묻히기 싫은 사람이야."

말은 이렇게 하시면서 엄마는 아빠 산소를 드러내 화장을 하던 날, "나도 그 옆에 뿌려달라"고 말했다.

엄마가 아빠와 살아낼 수 있었던 것은 나 때문이라고 하지만 '나'는 그저 엄마가 아빠와의 결혼생활을 버티고 싶어 하는 이유 중의 하나였을 뿐인 듯했다.

엄마는 아빠를 사랑했다. 말로는 전생에 철천지 원수였을 것이라 하지만 엄마는 여자 분 냄새를 묻히며 돌아오는 아빠를 원망하고 비난하면서도 아빠를 기다리는 일을 멈추지 않았다. 좋아했던 만큼 집착이 생기고 집착한 만큼 힘들어서 아빠를 자꾸 몰아붙이다 보니 아빠는 더 숨이 막혀 또 다른 분 냄새를 찾아다녔는지도 모른다.

엄마는 감성적인 아빠한테 사랑을 표현하는 방법을 잘 몰랐다. 아빠가 좋아하는 세세한 것들은 엄마의 취향이 아니었다. 서로 많이 달랐다. 생각도 취향도 관점도 다르다 보니 부딪히는 게 많았다. 엄마는 악착같이 노력했고 아빠는 그 감성을 채우는 것이 노력이 아니라 그냥 공감해주는 것이라 여겼다. 공감 없는 엄마의 노력은 지쳐가며 불만을 낳았고 눈물을 흘리며 다그치는 엄마의 애정은 아빠의 마음을 흔들지 못했다.

영혼이 자유로운 보헤미안을 꿈꾸는 남자와 그 사람에게 울타리를 치고 사랑받고 싶어 하던 여자는 계속 삐그덕거렸다.

외동딸은 그들의 연결고리였고 서로가 서로를 필요로 함에도 인정하지 못했던 어떤 명분에 대한 구실이기도 했다. 이별 후 다가올 그 공백과 여러 문제에 대해서도 자신이 없었던 두 분은 각자의 취향을 포기하지 못한 채 그렇게 아웅다웅 붙어살며 울고불고 하다가 점점 늙어가는 것을 택했을 뿐이다.

엄마는 당신의 지나간 세월이 소설책 열 권도 더 되는 분량으로 파란만장하다고 했다. 그 파란만장의 핵심 스토리는 6·25 동란 때 피난가다 옆에서 총 맞고 죽어가는 언니를 잡고 운 것도 아니고 가난한 집 다섯째 딸로 태어나 각종 고생을 하며 살아온 것도 아니고 아빠가 큰고모한테 보증을 서주고 집을 잡혀먹어 재판장을 들락거리며 온갖 고초를 겪은 것도 아니었다. 아빠가 엄마에게 보여주지 못한 그 살뜰한 애정을 다른 여자들에게 쏟아붓는 것을 목격하고 가슴을 후벼 파는 울화에 대한 각종 스토리들이다. 아빠에게 여자이고 싶은 엄마는 엄마를 그저 딸아이의 엄마와 집사람으로만 봐주는 아빠에게 좌절했는지도 모른다.

"언니, 다 그때는 그렇게 살았어, 뭐 그렇게 남편한테 대접받고 사랑받고 살았던 여자들이 얼마나 되었다고 그래. 어디 가서 애나 낳아서 데리고 오지 않은 게 어디여. 형부 정도면 인기 있을 만했지. 형부가 언니한테 말도 함부로 안 하고 점잖았지 뭘 그래. 딴 여자 생겼다고 막 긁어대면 손찌검 하거나 집 나간 남자들도 많아. 언니도 형부 인물 보고 좋아서 결혼한 거라고 했잖아."

이모의 톡톡 튀는 발언에 엄마는 언짢다. 그럼에도 엄마는 한결

같이 말한다.

"남자는 절대 인물보고 결혼하면 안 돼. 내가 아주 땅을 치고 후회해."

"그럼 진즉 이혼하지, 애는 언니가 키우고 주말에는 형부가 보고, 뭐가 문제였어."

"아유, 시끄러, 아무것도 모르면 넌 입 좀 다물고 있어."

불같이 확 오르는 엄마의 성격을 아는 이모는 더 이상 말을 아낀다.

엄마는 부지런하고 화끈하고 사람 좋아하고 현실적이며 정이 많다. 아빠는 느리고 정적이고 이상적이며 정이 많다. 불과 물 같은 두 사람은 정이 많았다. 그래서 그렇게 치열했을지도 모른다. 쿨하지 못한 그 정 때문에….

# 무의미한
# 수다에서 벗어나다

"아유, ○○엄마네 이혼한대. 난리도 아닌가 봐."

"진짜?, 그렇게 사이 좋은 척하더니 대박, 웬일이래. 누가 바람 피운 거 아냐?"

"그리고 ○○네 시댁에서 상가 하나 받았대, 건물은 볼 거 없는데 금싸라기 땅이래 거기가."

"좋겠다. 그 여자는 무슨 복이야. 우리 시어머니는 대놓고 정기적으로 용돈달라고 하시던데."

"○○집 애 이번에 1등 했대. 방학 동안 대치동 올라가서 빡세게 돌리더니 보람있나 봐."

"우리 집 이 자식은 학원도 땡땡이 치고 어느 피시방에 박혀 있는지. 에효, 누구 엄마는 좋겠다."

"어제 누구누구 티브이 나온 거 봤어? 걔 또 뜯어 고쳤더라. 인조 인간 같아."

"안 뜯어 고친 애가 어딨어? 계속 고쳐야 먹고 사나 봐."

몸이 바빠도 아낙들의 마음은 때론 무료하다. 그녀들의 일상에서 받는 자잘한 스트레스는 아내라는 이름으로 엄마라는 이름으로 삭히다 보니 어디다 딱히 마음 놓고 풀 데가 없다.

특히 전업주부인 엄마들은 경제적인 생산 활동이 멈춰 있다 보니 뭔가 내심 위축되어 있는 자격지심 같은 것들도 알게 모르게 숨어 있다. 당당히 육아하며 남편 뒷바라지했으니 이것이야말로 가장 숭고한 생산 활동이라고도 말할 수 있겠으나 자본이 우선인 시대, '돈'이라는 것에서 자유롭지 못한 주부들은 그녀들만의 속앓이 탈출구가 필요했을지도 모른다. 그중 가장 손쉽게 시간을 채울 수 있는 것이 수다다. 수다는 초코 푸딩에 올려진 달달한 초코 크림 같은 것이라 그냥 숟가락만 들고 있으면 저절로 푹 떠넣게 되는 너무나 자연스러운 일상의 디저트 같은 것일 수도 있다.

문제는 숟가락 꽂는 그 디저트가 '나의 이야기' '나의 생각' '내가 하고 싶은 것들'이 아니라 대부분 남의 이야기, 남의 집 현황 이야기들로 현장검증이 확실치 않은 카더라 통신이 주류였다는 것이다. 이혼을 하는 그녀가 진심으로 걱정되기보다는 이유를 캐고 싶어 하고, 자리에 있지도 않은 1등 한 아이 엄마를 정말 축하해주고 싶어서 한 이야기도 아니고, 얼굴 고친 연예인이 걱정이 되어서 하는 말은 더더구나 아닐지니, 그 수다의 현장이 무료해지고 내가 있는 그 자리가 공허해지기 시작했다. 마음 없는 리액션조차 못 해줄 바에는 그 자리는 있으나마나 한 시간을 때우는 자리일 수밖에 없었다.

그리고 여자들은 안다. 이 여자가 과연 내 말에 공감을 하는지 이 수다에 같이 참여하고 있는지.

생각이 이미 그 자리를 벗어나 안드로메다에 가 있는 내가 발견되면 저절로 알아서 대화의 장에서 제외된다. 같은 공간, 다른 생각, 나로선 더 이상 자리를 지킬 이유가 없었다. 한때 저 수다의 핵심에 있었을지도 모르는 난 시간이 흘러감에 변했고 그 변화의 자리에는 뚜렷한 주관이 들어서 있었다.

그렇다고 이미 형성된 대화의 분위기에 전혀 다른 소재를 가지고 찬물을 끼얹을 만큼 깡 있는 캐릭터도 아니고 동질감 형성을 깨뜨려 왕따를 당하기도 내키지 않는 터라 조용히 웃거나 간간히 동조하거나 하면서 커피를 마시거나 밥을 먹는다. 그리고 묻는다. '나는 왜 그 자리에 있었는가?' '관계의 단절이 두려워서일까, 혹시나 어찌될지 모를 미래에 수다로 다시 데뷔할지도 모른다는 불안감에 대한 대비일까? 아니면 외로워서일까?'

동네 아줌마들의 모임, 소위 옆집 엄마들의 모임부터 옆동 아낙들과의 모임, 아이 학교 엄마들과의 모임까지 너무도 다양하다. 모임의 시간 성격상, 구성원은 전업 맘이나 프리랜서 엄마들로 한정이 지어지기도 한다. 차근차근 쌓아온 끈끈한 동지애를 형성하기도 하며 했던 이야기를 녹음기처럼 되풀이하기도 하고 한정된 경험의 폭으로 무엇인가를 다수결로 결론지어 버리기도 한다. 누구 자식이 더 힘든지 누구네 시댁이 더 힘들게 하는지 경쟁이라도 하듯이 각자의 고충들에 대해서 배틀을 뜨기도 한다.

엄마들 사이에서는 묻어가거나 동조하는 분위기가 더 안정적이다. 개성이 강하거나 튄다 싶으면 뒤에서 도마질을 당하는 좋은 이슈 거리가 되기도 한다. 아낙들이 모인 곳에서는 '발 없는 소문'이 신속하게 퍼지고 '내가 있잖아. 들은 건데…'로 시작해서 불특정하고 부정확한 '카더라 정보'들이 마치 다큐처럼 펼쳐져서 한 편의 그럴듯한 스토리가 완성되기도 한다. 잘못된 정보들이 오가기도 하고 정확한 반론을 달 만큼의 정보력을 가진 팩트 체크 맘도 없는 모임의 수다는 킬링 타임은 잘될 수 있으나 끝나고 나면 허무해진다.

헐값에 팔려진 나의 시간들이 '하는 일 없이 바쁜 상태'로 채워진 것일 뿐이고 별반 다르지 않은 나 또한 그 소속에서 같은 카테고리를 반복하고 있었다.

남편들이 훗날 현업에서 내려오면 펼쳐질 불안한 미래와 자녀들의 불안정한 진로가 그녀들의 두려움을 증식시키고 있었고 그것을 무의미한 수다로 쏟아내며 잠시 그 시간을 위로받고자 한 듯 보였다. 자유시간이 많다는 것은 어쩌면 무언의 책임감을 더 요구하는 것이기에 경력이 단절된 아낙들일 경우 심란한 모든 상황들을 자기도 책임지지 못하는 언어들로 뱉어내고 있었는지도 모른다.

그 현장에 있었던 나는 무언가 다른 탈출구를 찾기 시작했다.

적당한 단절이 필요했다. 천천히 내가 혼자 할 수 있는 것들을 찾기 시작하면서 사람들의 이야기로부터 멀어지기 시작했다. 이미 나는 무의미한 시간들로 충분히 나를 채워 보았다. 그리고 남는 게 없는 장사라는 것을 알아채고 다른 좌판을 기웃거리기로 한 것이다.

우선 서점을 가보기 시작했다. 책과 멀리 떨어져서 살아온 시간들이 오래된 지라 갑자기 활자가 눈에 확 잘 들어오고 하는 기특한 일들은 생기지 않았다. 활자중독인 사람의 이야기를 듣고 있을라치면 신기하고 부럽기까지 했다. 앞에서 몇 장을 넘기기 힘든 수준의 난독증이 의심되던 나는 서점에 가는 명분을 찾기로 했다.

아낙들과의 수다에서 사람 사는 이야기를 듣는 것을 포기했으면 내가 소통해야 하는 또 다른 대화가 필요했다. 난 세상 속에서 살아야 했고 나 혼자만의 생각으로는 더 넓은 세상을 만나기는 힘들다는 것을 알아버렸다. 조금은 나와 더 공감대를 가지고 있는 누군가의 글이라도 만나서 그 이야기와 함께 생각의 수다를 떨어야 했다.

교보문고를 들어섰을 때 교보에서 나는 특유의 방향제 냄새가 좋았다. 향에 민감한 내가 자주 출몰할 수 있는 큰 이유가 되었다. 갓 출생한 신간냄새와 출간 연도와 관계없이 여러 장르의 책들이 뿜어대는 활자가 박힌 종이 냄새와 방향제가 뒤섞여 코끝에 닿자마자 편안해진다.

일명 '교보 향' 맡으러 간다는 명목을 먼저 만들었다. 그리고 제목이 편한 책들부터 뒤적여보기도 했다. 우선 제목이 마음에 들어 무턱대고 집어들었다가 책꽂이에 장식용으로 꽂혀 있는 게 한두 권이 아닌 터라 그 자리에서 몇 장을 넘겨보는 습관을 들여 보았다. 그렇게 서성이는 시간들이 점점 편해지기 시작하면서 난 혼자서 수다 떠는 시간들을 가지곤 했다. 나에게 스스로 질문하고 답하는 습관이 생기기도 했다.

'이 책을 사야 할까?'

'응, 사야 할 것 같아.'

'왜 사야 할 것 같은데?'

'책의 두께 그립감이 좋아. 그리고 글들이 쉬워. 내가 도중에 지루해서 덮는 일은 없을 것 같아.'

'글들이 쉽다고 지루하지 않은 것은 아니야. 쉬워도 내용이 별로면 더 지루할 수 있어.'

'알았어. 그럼 몇 장만 더 읽어보다가 결정할게.'


처음에는 장난처럼 시작했던 나와의 대화가 어느덧 습관처럼 종종 나도 모르게 튀어나오면서 가끔은 앉아서 혼자 수다도 떨기도 했다. 물론 혼자서 질문하고 답하는 상황을 입 밖으로 꺼내면 주변사람들이 도망갈 수 있기에 속으로만 웅얼웅얼했다. 커피숍 구석 조용한 모퉁이나 자리가 편한 가장 깊은 모서리에 앉아 주로 혼자서 시간을 보내는 나는 제일 무서워하는 옆자리 손님들이 아줌마 부대들이다. 그녀들은 일상의 이야기들을 늘어놓으며 점점 웃음의 데시벨이 높아진다. 혼자서는 옆 사람 눈치도 보아가며 카페 분위기도 살펴가며 남들을 배려하려는 경향을 보이던 개인이었던 그녀도 같이 모이면 집단 폭풍수다의 분위기에 편승해 힘이 세지는 그녀들이 된다. 카페가 도서관같이 책만 읽거나 소곤소곤 조용한 대화의 장을 펼치는 곳은 아니지만 마치 전세라고 낸 듯한 호방한 웃음과 카랑카랑한 목소리들은 노트북 펼쳐놓고 잘 들어오지도 않는 공부를 하기 위해 애쓰는 개인인 아줌마로서는 유감스러운 현장이다.

'나도 저랬었겠구나' 싶었다. 그 당시 옆에 있던 어느 개인이었던 누군가는 노트북이나 책을 조용히 덮고 일어났었겠구나 싶었다.

스트레스가 쌓이면 풀어야 건강해진다. 수다는 가장 가성비 좋은 힐링이 될 수도 있다. 하지만 수다가 습관이 되고 무리 속에서 개인의 가치를 존중하기보다는 다른 사람 험담이나 카더라 통신이 주가될 경우는 언어가 진실을 나르는 도구가 되기보다는 오히려 거짓이나 과장에 치중하는 경우가 허다하다.

"우리 시대에 가장 끔찍한 고통 가운데 하나는 권태다."라는 문구를 본 적이 있다. 공허하고 따분하거나 머리가 복잡한 사람들에게 가끔씩 심심풀이나 기분전환, 작은 센세이션 수다들은 막힌 공간에서 통풍되는 창문 같은 것이기도 하다. 하지만 무의미한 수다가 반복되어지면 수다가 끝난 후 더 권태롭고 공허해지는 자신의 쓸쓸한 시간들과 만나야 한다. 번복되는 수다에서 벗어나와서 차라리 심심함을 선택한 나는 오히려 좀 덜 외로워지고 있었다.

# 상처 난 만큼
## 딱지가 앉고

"명치끝이 이건가? 막 여기가 쓰리고 저리고 아파. 아무런 의욕도 없고 눈물이 그냥 주르르 흘러."

3년을 사귀던 남자와 헤어진 그녀는 서른아홉 나이, 가장 달달했던 연애에 종지부를 찍었다. 속이 깊고 배려심도 많은 친구였다. 3년을 사귀었는데도 볼 때마다 마냥 설레고 좋은 거 보니 자기가 정상이 아닌 것 같다고 너스레도 떨었다.

그러나 그들의 돈독한 사랑도 아주 사소한 아무것도 아닌 오해로부터 어긋나기 시작했다. 그녀가 대수롭지 않은 관계의 남자후배와 카카오톡으로 장난을 치다가 대응하는 문자를 그만 남자친구 대화창에 보내고 만 것이다. 오랜만에 온 문자였고 장난기 많은 남자후배에게 같은 장난으로 받아쳤던 문자는 뭔가 남자친구에게 오해의 소지가 있을 수도 있는 문자였다.

너무 급한 나머지 당황스런 거짓말을 둘러댄 그녀는 남자친구가 바보가 아닌 이상 의심할 만한 말로 둘러댄 것이 화근이었다. 그것을 또 덮으려고 그녀의 거짓말은 이제 수습할 수 없게끔 더 커져 갔다. 일단 오해받는 것이 억울해서 시작한 거짓말이지만 그것을 의심하는 남자친구에게 더 크게 둘러대기 시작하면서 오해와 불신이 자라나기 시작했다. 일이 수습할 수 없을 만큼 커져버린 지경에는 그녀가 아무리 사실을 말해도 남자친구의 실망과 불신이 커져버린 때였다. 대추알만 한 거짓이 점점 새끼를 쳐서 나중에는 애드벌룬같이 커져버려 남자친구는 그녀의 눈물조차도 이제 믿지 않으려 했다.

"왜 그랬니. 별거 아니었던 건데 그냥 솔직히 말해버렸으면 잠시 투덕거리고 말았을 일을."

"그 사람이 나 많이 좋아하잖아. 잘 보이고 싶었어, 틈 같은 것 보이고 싶지 않나 봐. 그리고 혹시 오해할까 봐."

"그럼 거짓이 더 커지기 전에 솔직해지지 그랬어."

"나한테 실망할까 봐… 거짓말 쳤다고… 그래서 그 사람한테 신뢰를 잃을까 봐."

작은 거짓은 계속 그것을 숨기기 위해서 거짓말을 낳았다. 그녀를 프로 같은 거짓말쟁이로 만들어버린 것은 사실 별거 아닌 것을 숨기기 위해 계속 덮으려던 당황스런 삽질 때문이었다.

"결국 아무것도 아닌 일인데 일이 커진 거네. 거짓말 하나로 너라는 사람의 신뢰를 잃을 거라고 생각했다면 네가 널 믿지 못하거나 네가 그 사람을 믿지 못한 거야. 그 불안함이 거짓말이라는 더 불안한 변명을 만들어낸 것 아닐까?"

"후회할수록 마음이 갈피를 못 잡겠어."

"그래도 오해받는 것은 억울하잖아, 다시 한 번 만나서 있는 그대로를 말하고 진심으로 너의 마음을 전해봐."

"언니, 이미 불신이 자리 잡은 마음에는 사랑했던 만큼의 실망도 들어차서 내 진실이 이제 비집고 들어갈 틈이 없어져 버렸어."

"많이 힘들구나. 눈이 너무 부었어. 떴는지 감았는지도 모르겠다. 그만 울어."

말을 또박또박 하면서도 흐느끼지도 않으면서도 그녀의 눈에서는 눈물이 흘렀다. 항상 화장기 단정하던 그녀의 얼굴은 이미 초췌함과 눈물의 흔적으로 안쓰러울 정도로 퀭해져 있었다.

무엇인가 절실한 것이 있을 때는 마음을 내려놓고 침착해지기가 쉽지 않다. 간절하게 지키고 싶은 것이 생기면 내가 맞다고 생각했던 신념조차 내려놓고 평소에 옳다고 생각하지 않는 거짓말조차도 서슴없이 해가며 지키고 싶은 것에 대하여 집착을 할 때도 있다.

집착은 이성을 차갑게 하지 않는다. 너무 데워놓다 보니 감정적으로 대처하다가 스스로에게 깊은 생채기를 내기도 한다. 집착하다 보면 그 대상을 놓지 않기 위해 거짓도 사랑의 일부인 양 합리화를 하기도 한다.

잃고 싶지 않은 것을 지키고 싶을 때 우리는 집착이란 것을 하게 된다. 그런데 그것은 상대를 사랑하는 마음 이전에 내 마음의 결핍이 아프다고 소리치는 것이다. 사랑하는 사람을 잃어본 사람들은 안다. 죽음으로 잃었든지 실연으로 잃었든지 간에 함께했던 그 시간들의 기억이 바늘 끝처럼 명치를 찔러대다가 가슴을 쥐어짜기도 하다가 숨이 막히는 듯한 '꺼이꺼이'가 목구멍 끝에서부터 묵직하게 올라온다. 밥을 먹어도 커피를 마셔도 노래를 불러도 마음의 구멍이 조금도 메꾸어지지 않는다. 살아도 살아 있는 게 아니다.

그렇게 사람답게 살지 못하는 과정을 거쳐서 온갖 몸부림을 다 쳐봐야 어느 순간 마음이 지쳐서 이제 점점 힘을 잃고 배도 고파오는 것을 느끼기 시작한다. 시간 밖에는 우선 도리가 없다. 사랑은 아름다운 단어이지만 달콤함을 가진 사랑의 이면에는 더도 덜도 말고 딱 사랑한 만큼의 통증이 항시 대기하고 있다.

"너, 인생이 얼마나 공평한 줄 알아? 세상에는 공짜가 없어. 네가 사랑하는 동안 좋았던 만큼 사랑이 사라질 때 딱 그만큼 아픈 거야. 내가 누린 만큼 받는 거라 생각해. 받아들이고 인정하는 수밖에 없어."

"언니, 흑, 이렇게 서로 오해하면서 헤어지는 게 너무 억울해. 너무 좋아해서 한 거짓말이었을 뿐인데 나한테 어떻게 이래. 사랑이 어떻게 이렇게 허무하게 이래."

"세상은 '나한테 어떻게 이래' 하는 것들이 태반이야. 근데 있잖아 그땐 다 너무 억울해도 나중에 생각해보면 원인 없는 결과는 없어. 넌 거짓말을 할 만큼 남자친구에게 잘 보이고 싶었던 것보다 너의 있는 그대로를 못 받아줄까 봐 그 남자를 의심했던 거야. 그 의심의 해법이 거짓말이었고 그게 눈덩이처럼 커지면서 넌 너의 남자친구 마음보다 너의 거짓말을 변호하기 급급했던 거야. 양다리 오해는 억울해도 남자친구를 의심했던 것은 사실이니까 일이 걷잡을 수없이 커진 거야."

"흑흑, 너무 아파, 찢어질 것 같아 어떻게 잊지?"

"어떻게 잊는 방법은 없어. 마음이 지랄할 수 있을 만큼 지랄하게 내버려둬야 해. 오히려 아무렇지도 않은 척하면 나중에 곪아서 막 고름이 생겨, 나중에 그게 더 지저분해. 그리고 정말 인연이라면 네가 이제라도 진심을 전하는 만큼 받아 줄 테고 아니면 인연이 아닌 거지."

"나 좀 다시 봐달라고 잘못했다고 장문을 보냈더니, 세 줄이 왔어. '밥은 먹고 다니니. 마음을 이제 내려놓아라. 더 켜켜이 쌓지 말고,' 난 이 사람 아는데 이건 미련 없이 떠나겠다는 의미야."

"아이고, 그렇게 달달해하더니 거짓말 하나에 채였네. 인생이 좀 글타, 그치? 나도 가끔 인생이 뭐 이렇게 거지 같냐 하다가도 나중에 가만히 나를 돌이켜보면 내가 거지 근성이 있어서 그리 된 거더라고. 저절로 거지 같은 인생은 없어. 거지들도 마음먹고 정신 차려서 잘사는 사람들도 있는데, 상황이 아무리 거지 같아도 내가 거지 같지 않으면 되는 건데 그게 어렵지. 그래서 다들 끙끙거리는 같아."

"난 진짜 거지 같은 상황이야."

"너 거지 같은 상황에 너도 거지 마인드면 상거지 되는 거야."


'힘내. 기운 내. 시간이 약이야.' 같은 뻔한 소리도하고 싶었지만 너무 뻔해서 자제했다. 술도 못 마시는 난 그녀와 술도 대작해줄 수 없었다. 그냥 내가 생각하는 입바른 소리 몇 마디가 고작 위로의 전부였지만 이미 마음이 뻥 뚫려 심장이 너덜너덜해진 그녀에게는 어떤 말도 이 순간 위로가 될 수 없음을 안다. 필요할 때 잠시 같이 있어주고 노래방 가서 탬버린 몇 번 흔들어주는 정도의 시간 때우기 도우미가 다일지도 모른다.

마음이 격하게 방황할 때는 너무 혼자만 있어서는 안 된다는 것쯤은 많이 혼자 있어본 내가 안다. 함께 무언가를 같이 해준다는 것은 잠시라도 마약 같은 도움이 될지도 모른다. 약기운이 풀리면 다시 묵직한 흉부압박으로 숨쉬기도 힘들지 모르지만 심장이 계속 그렇게 너덜너덜할 순 없다. 시간이란 놈이 심장을 지키려고 그래도 순리적으로 나서준다. 더디게 간다는 게 문제이지만 그래도 내 심장을 지켜주려는 유일한 자연치료제다.

"근데, 넌 그 사람이 어디가 그렇게 좋았니? 너답지 않게 그런 거짓말을 할 정도로."

"그냥, 그냥… 다 좋았어."

더 이상 그녀의 손도 잡아줄 수 없고 그녀 앞에서 웃어줄 수도 없는 사람을 사랑한다는 것은 괴로운 일이다. 그냥 다 좋음에도 불구하고 남녀 간의 사랑은 무조건적인 게 없기에 내가 준 만큼 받고 싶거나 그 이상의 것을 받고 싶은 게 서로 기대하는 공식 같은 플레이다.

"큰 공부한다. 권태기라 헤어진 것도 아니고 누가 진짜 먼저 배신한 것도 아니고 이렇게 사랑하는데 헤어지고. 그만 울어. 너 그러다 노안 빨리 와."

노안과 눈물이 무슨 상관이 있는지는 모르겠지만 많이 울어본 나는 어찌 되었건 노안이 오긴 왔다.

"그래도 넌 멋지다. 네가 소중해하는 것을 지키려고 그 힘든 거짓 말을 계속 생각해내느라 애쓴 게 보여. 방법이 잘못되어서 여기까지 왔지만 넌 네 사랑을 지키려고 별유치한 짓은 다해봤잖아. 지켜볼라 고 열라 고생했네. 적어도 싱겁거나 시시하진 않네."

시답지 않은 말도 안 되는 위로였지만 난 그녀가 애틋하고 귀엽 다. 사랑 앞에서 덤덤해지며 계산적인 젊음들도 많은데 느지막한 나 이에도 길거리 다니며 사랑 때문에 눈물 줄줄 흘리고 다니는 그녀의 퉁퉁 부은 눈이 예쁘다.

"서진아, 사랑했으면 된 거야. 그 사람을 진짜 사랑했다면 그냥 그 순간 함께해서 널 행복하게 해주었던 것만 감사해하면 돼. 그게 네 가 한 사랑에 대한 예의 아닐까. 너의 마음은 많이 다쳤어도 네가 했 던 사랑은 다치지 말게 그냥 이 상황을 잘 받아들여. 사랑이 떠나가 면 그것을 인정하기까지가 너무 힘들잖아? 그런데 진짜 인정하고 나 면 훨씬 편해져. 그러기 전에는 어쩔 수 없이 아파야 해. 지금은 죽겠 어도 시간이 도와줄 거야."


사랑이 떠나가고 난 자리는 겨울날 구멍 뚫린 창호지 문처럼 시린 바람이 숭숭 들어와 온 마음을 헤집는다.

겨울은 간다. 시간은 인간들처럼 변덕을 부리지 않는다.

그리고 딱 상처 난 만큼 딱지도 앉는다. 그렇게 또 살아진다.

# 하고 싶을 때는 해야,
# 할 말을 하고 살아야

"너 또 안 나가냐?"

"응, 선생님께 아프다고 말씀드렸어."

체육시간이었다. 공을 무서워하는 나는 유독 피구를 하는 시간이면 움츠러들었다. 유달리 운동신경이 좋고 손 힘이 강한 아이들이 있다. 그런 아이들은 어김없이 전면에 나서서 야무지게 공을 쥐고 타깃을 정해 힘껏 던진다. 공을 호환마마 취급하는 나는 요리조리 피하다가 땅바닥에 맞고 튀는 공을 일부러 맞은 적도 있고 먼저 맞는 매가 속 편하다고 약한 애들이 던지는 공은 일부러 먼저 맞기도 했다. 승부욕은 눈곱만치도 없었고 얼른 시간이 끝나기를 기다리는 체육시간의 아웃사이더였다.

평소엔 조용하다가도 피구시간만 되면 남다른 승부욕을 보이며 어깨 힘이 좋은 아이가 있었는데 투포환을 해도 잘했을 거라고 체육선생님이 칭찬을 하기도 했었다.

그날도 주춤주춤 피해 다니느라 바쁜 체육시간이었는데 피구공이 딱 그 아이의 손에 가서 잡혔을 때 두려움은 배가 되었다. 아이들이 제일 무서워하는 공격수이기 때문에 그 아이가 공을 잡으면 모두 다 긴장하는 빛이 돌았다. 근데 내 눈과 딱 마주친 순간 그 아이는 타깃을 이미 정한 듯했다. 피하려고 해도 이미 늦었다. 작정하고 던지는 파워는 순간 악소리가 날 만큼 강력했다. 피구왕 통키도 아닌 것이 마치 공을 터뜨리기라도 하려는 듯 입술을 앙다물고 던지는 온 힘을 다하는 파워에 내 옆구리가 정통으로 맞았다. 그냥 픽 하고 쓰러졌다. 데굴데굴 구르기까지 할 만큼의 통증이 밀려왔다. 너무 세다는 아이들의 야유소리도 아득히 들렸다.

강자는 약자를 한눈에 알아보는 법, 항상 피해 다니는 약자를 공격하는 것은 그다지 어려운 일이 아니었다. 문제는 파워였다. 승부욕으로 번득이는 그 입술과 눈빛에 주눅 들어 피해 다니는 아이들의 동선을 파악해서 그 아이는 그 시간을 충분히 즐기고 있는 듯했다. 공으로 때리는 아이들마다 강약 조절까지 하는 노련함까지 보였다. 옆구리를 부여잡고 정신을 수습해보니 양호실이었다.

"이게 피구공으로 맞은 거라고? 공에 무슨 돌 넣었니?"

양호선생님도 갸우뚱해하며 빨갛게 부어오른 내 옆구리에 파스 냄새나는 로션을 발라주셨다.

"조금만 더 셌으면 맹장도 터뜨렸겠다, 누가 이렇게 무식하게 던졌냐?" 양호선생님은 계속 아프면 병원에 가서 사진도 찍어보라고 하셨다. 이 사건 이후로 그 아이는 피구의 전설이 되었고 공포심의 주역으로 피구시간에 모든 아이들을 벌벌 떨게 만들게 되었다. 신기한 게 평소에는 말수도 없고 내성적으로 보이던 아이가 체육시간만 되면 몹시 공격적으로 돌변하는 것이다. 그 아이는 두려워하는 아이들의 시선을 즐기는 것 같았고 주체 못 하는 힘을 공에다 올인해서 다 쏟아붓는 것 같았다.

체육선생님은 자주 자리를 비우셨고 그 시간은 어김없이 피구를 하는 시간으로 메꾸어지곤 했었다. 공이 무서운 나에게 그 사건 이후로 피구공은 공포의 상징이었다. 체육시간을 점점 피하고 싶었다. 피구는 지겹게 계속되었고 그 아이도 멈출 줄 몰랐다. 내 옆구리를 강타한 사건 이후로 조금 파워를 줄이기는 했었는데 그래도 맞아나가는 아이들마다 하는 소리는 "무슨 웬수졌냐?"였다.

체육시간에 나가지 않기로 했다. 피구만 하는 체육선생님이 못마땅했고 번뜩이는 울트라 파워의 그 소녀도 두려움을 넘어서서 무섭기까지 했다. 병명은 미흡하게나마 생리통이었다. 그런데 생리를 매주 할 수는 없는지라 또 그럴싸한 핑계가 떠오르지 않아 만성소화불량까지도 끼워 넣었다.

"야, 임마, 소화가 안 될수록 더 뛰어다녀야지. 공 몇 번 맞고 움직이고 나면 소화도 되고 그러는 거야. 나와서 뛰어."

대수롭지 않게 체육선생님이 말했다. 체육시간이 있는 날이면 하루 종일 스트레스로 머리가 아파왔다. 피구왕 통키녀에게 다가가 하소연하다시피 말했다.

"네가 공을 만지면 무서워. 그래서 난 체육시간이 있는 날이면 학교에 오기 싫기도 하다."

"그래? 난 체육시간이 있는 날이면 즐거운데."

끝이다. 뭔가 자비를 베풀어 공을 살살 던지겠다든가 그때 옆구리 사건은 미안했다든가라는 인간미 있는 답변은 없었다. 그녀는 배실 배실 웃으며 즐기기까지 했다. 친구가 없는 그 아이는 공이 곧 친구고 공이 곧 학교 오는 목표라도 되는 양 피구시간에는 항상 온 힘을 다해 최선을 다했다. 피구가 지속되는 한 체육시간에는 더 이상 나가지 않았다. 체육선생님이 불렀다.

"너, 지금 반항하나? 왜 자꾸 빠져?"

"선생님, 체육시간 한 시간 때문에 저는 학교에 오기 싫어요. 그런데 학교를 빠지는 것보다는 그래도 체육시간을 빠지기로 했습니다."

"어쭈, 뭐라고? 왜 그렇게 싫은데?"

"피구공이 무서워요, 단순히 무서운 것을 넘어서서 공포스러워요. 그게 제일 큰 스트레스라서 체육시간이 들은 날이면 싫어요."

"야, 임마, 공이 뭐가 무서워? 한 대 맞고 말면 그만이고 맞기 싫으면 네가 악착같이 안 맞고 살아남아서 던지면 되지."

"선생님 혹시 옻 올라 보셨어요, 우리 엄마는 옻 오르는 것을 제일 무서워하는데요. 옻나무만 봐도 공포심에 옻 만진 사람 근처에도 못가요. 아빠가 옻닭을 먹고 왔다고 이틀간 집에 못 들어오게도 했어요. 남들은 우려먹기도 하는 옻나무를 우리 엄마는 귀신보다 더 무섭대요. 제가 옻은 안 올라봤지만 피구공을 보면 엄마가 옻나무를 보는 기분이에요. 피구공을 맞으면 온몸에 바로 옻이 올라버릴 거 같아요. 정작 맞아서 아픈 거보다 그 공포감으로 자꾸 움츠러드는 게 더 싫어요. 억지로 피구시간에 나가보다 보니 제가 그것 때문에 학교에 나오기 싫다는 것을 알았어요. 피구하는 시간만 안 나가도록 허락해 주시면 좋겠어요."

"그래도 나오라면?"

"체육 들은 날은 그럼 조퇴하거나 결석할 수밖에 없습니다."

너무 피하고 싶은 게 있으면 내가 살기 위해 용감해진다. 어디서 그런 청산유수 같은 대꾸가 나왔는지 몰라도 체육선생님은 더 이상 뭐라 말하지 않고 나가보라 했다. 무슨 사연인지 몰라도 엄연히 정규과정이 있거늘 피구만 시키는 체육선생님도 당당하고 떳떳한 입장은 아니었다.

선생님들한테 한 번도 대들어보거나 말대꾸를 해본 적 없이 17살까지 안정적으로 피해 다니거나 학교에서는 조용히 있는 듯 없는 듯이 지내왔다. 갈등 자체를 싫어했고 부딪침을 멀리하려는 소심한 성격도 있고 겁이 많은 기질도 한몫했다.

그러나 정말 하고 싶은 말이 있을 때는 무조건 참기만 하면서 따라가는 것이 스스로에게도 비겁하게 느껴지는 때가 있다. 튀지 않는 무난한 학교생활은 안전함을 주지만 그 어떤 생동감도 주지 못한다. 그저 학교에서 하라는 대로 하고 선생님에게 찍히지 않고 그럭저럭 졸업까지 무난하게 가자는 소심한 여학생은 드디어 너무 하기 싫은 것에는 차분하게 대항하기 시작했다.

피구왕 통키녀가 체육시간이 끝나고 어떤 아이와 싸움이 붙었다.

옆 반과 시합을 했는데 안경 쓴 아이의 얼굴에 공을 던져서 안경이 깨진 것은 물론이거니와 자칫하면 실명의 위기까지 갈 수 있을 만큼 위험한 상황이었다고 했다. 눈 주위와 얼굴이 퉁퉁 부어오른 그 아이는 안경값을 요구했고 통키녀는 체육시간에 그런 것이니 물어줄 수 없다고 버티었다.

평소 말수가 없던 통키녀는 강하고 다부지게 싸웠다. 눈두덩이 부어오른 아이는 울면서 자기반으로 돌아갔고 통키녀 근처는 아무도 범접할 수 없을 만큼의 강한 아우라가 풍기며 씩씩대고 있었다. 대체 무엇이 꽃다운 소녀의 손아귀에서 매번 불꽃 슛을 쏘아올리며 친구들의 지탄을 받게 하는 것일까? 이제 아이들은 뒤에서 수군수군 통키녀를 경계하고 비난하기 시작했다. 힘이 센 통키녀 앞에서는 아무 말도 못하던 아이들은 그나마 뒤에서라도 그동안 쌓였던 마음을 풀어야 속이라도 시원했는지도 모른다.


한번은 통키녀가 엎드려 울고 있었다. 영문을 몰랐다. 절대 눈물 같은 것은 없는 아이인 줄 알았던 철인13호 같은 캐릭터가 엎드려 우는 것을 보니 당황스럽기까지 했다. 맨 뒤에서 짝꿍이 없이 혼자 앉아있던 터라 영문을 물어볼 아이도 없었다. 반장이 다가서서 이유를 물어보려고 어깨를 건드렸으나 매몰찬 뿌리침에 머쓱해지기만 한 상황이 연출되었다. 선생님들도 어쩌지 못하고 있던 통키녀는 하교 시간까지 조용히 엎드려만 있었다. 아이들이 다 하교 하고도 엎드려 있어서 딸기우유 하나 사다가 디밀었다. 다음날 아침 통키녀가 쪽지를 건네왔다.

'점심시간에 잠깐 음악실 뒤에 있는 동상 옆에서 보자.'

공으로는 때려도 손으로는 먼저 때릴 아이는 아닌 것을 알기에 큰 걱정은 안 했으나 후미진 데서 보자는 데는 조금 긴장도 되었다. 긴장보다 더 앞서는 것은 왜 보자고 했는지 궁금했다.

잔디밭 가운데 동상 옆에 앉은 통키녀의 옆모습은 차분함을 넘어서 진중해 보이기까지 했다.

"그때 옆구리 미안해, 그 말 하고 싶었어. 사실은 그날 말하고 싶었는데 못했어."

"이제라도 해줘서 고마워, 근데 이제 평생 피구는 못할 것 같아, 무서워서."

웃으며 말했더니 통키녀가 살짝 웃었다. 왜 울었느냐고 물었으나 대답하지 않았다. 그리고 자기는 정작 하고 싶은 말을 잘 못하는 사람이라고 했다. 말이 자꾸 반대로 나와서 아예 말을 안 하는 쪽이 낫다고 생각해서 말수를 줄였다고 했다.

"난 하고 싶은 말이 잘 안 나와. 그래서 반대로 말하다 보니 자주 싸우게 돼. 어릴 때부터 하고 싶은 말을 참고 살아 버릇해서 그런가 봐."

"내가 얼마 전에 정말 하고 싶은 말을 용기 있게 그냥 확 해버렸거든? 그런데 하고 나니 생각보다 정말 시원하더라. 나도 하고 싶은 말이 있어도 잘 참고 누르거든, 너처럼 반대로도 안 하고."

"무슨 말을 어떻게 확 해버렸는데?"

"체육선생님에게 피구시간은 무조건 빠진다고 했어. 너 무서워서 배 째라 정신으로."

둘 다 피식 웃었다.


3개월 후 통키녀가 호주로 이민 갈 때까지 우린 점심시간에 만나 종종 이야기를 나누었다. 통키녀가 나에게 진짜 하고 싶은 말을 꺼낸 순간부터 우리는 특별히 다정하거나 살갑진 않았으나 그래도 동상 옆에 앉아서 서로 딸기우유는 같이 마셔주는 친구가 되었다. 서로 하고 싶은 말을 참고 사는데 익숙했던 두 소녀는 전혀 다른 방식으로 그것에 대한 스트레스를 풀고 있었지만 정말 하고 싶은 말을 했을 때 가까워지기 시작했다.

'하고 싶을 때는 할 말은 하고 살아야겠구나'

그때부터 할 말을 다 참기보다는 조금씩 조금씩 내뱉는다는 것에 점점 용기가 붙기 시작했다.

4장

# 내가 선택한 고독

# 군중 속에 있어도
# 외로운 사람들

"우리 모임은 서로의 성장을 응원하는 모임입니다."

"각자 가지고 있는 것들을 마음껏 홍보하고 자랑을 하십시오. 나를 알려야 내가 하는 일들도 알려질 수 있는 것입니다."

"각 분야에서 성공하신 분들 중 롤 모델을 만드십시오. 롤 모델을 보고 그처럼 따라 해야 그 사람처럼 될 수 있습니다."

"꿈이 있으면 성공합니다. 열정을 가지고 포기하지 않으면 꿈을 이룰 수 있습니다."

"아침에 일찍 일어나 하루를 더 먼저 시작하십시오. 성공은 남보다 부지런하지 않고는 이룰 수 없습니다."

"SNS를 잘하는 법을 알려드립니다. 나를 팔로워하는 숫자만큼 나의 역량도 막강해집니다."

자기계발을 하는 모임에 가면 에너지가 넘치는 사람들이 모여서 주로 꿈을 이야기하고 자신의 역량을 과시하며 가지고 있는 것들을 홍보하는 이야기들이 주가 된다. 심지어 간절히 원하면 온 우주가 도와준다고 했다. 끌어당김의 법칙이 간절할수록 성공 유명강사들의 열강에는 항상 사람들이 북적거렸고 성공은 곧 행복인 양 청중들의 가슴은 듣는 내내 뜨거워지기도 한다.

성공과 성취에 집중하는 사람들은 행복의 열쇠는 열정과 노력에 달렸다고 하며 미칠 듯이 부지런하게 새벽을 열고 끊임없는 자기암시로 하루를 시작한다. 서점에는 자기계발서로 도배가 되어 있고 '꿈과 열정' '열심히' '최선'이란 말은 주문처럼 읊조리고 다녀야 성공이란 것이 내 것이 될 거라고 믿는다.

일이 잘 풀렸을 경우 한때는 청중이었던 누군가는 또 다른 열강의 멘토이자 주역이 될 것이고 무대 앞에서 당당히 자신이 실천했던 많은 것들을 공식처럼 풀어놓을 것이다. 그러나 열심히 해도 되지 않거나 최선을 다하지 못하는 훨씬 더 많은 대다수의 사람들은 성공하지 못한 것에 대하여 과연 어떤 생각을 가지게 될까?

뜨거운 성공강의 열풍에서 꿈을 가지라는 말에 가슴이 두근거렸던 사람들은 강연장의 열기를 쬐고 있노라면 바로 성공할 수 있을 것 같은 뜨거움을 느낀다. 강의장 밖의 현실은 아직 겨울이지만 그 안에서만은 적어도 봄 같았고 꽃을 피울 것 같은 온도였으니 강연의 열기가 가실 때까지는 마트에서 산 24시간 지속 손난로처럼 심장을 데우며 차가운 현실을 돌아다니기도 한다.

강연을 같이 듣고 나온 친구가 물었다.

"저 사람들이 성공한 방식대로 정말 그대로 하면 나도 똑같이 성공할 수 있을까?"

"참고는 할 수 있으되 내가 저 사람이 아니잖아. 환경도 다르고 역량도 다르고 꿈의 내용도 다르고."

"그렇겠지? 저 사람은 기본기가 되어 있으니 저 정도까지 저렇게 단시간 내에 간 거겠지, 경력단절 전업주부한테는 꿈같은 이야기다."

"꿈이 뭔데?"

"없어. 그냥 저 사람들은 노력인자나 성공인자가 다른 사람들 같아. 나와 다른 세계에 사는 사람들 같아, 들을 때는 막 나도 뭔가 할 수 있을 거 같아 가슴이 두근대는데 이틀만 지나면 딴 세상 얘기야. 그리고 내가 더 초라해 보여. 나만 막 너무 평범하고 한심하게 사는 거 아닌가 하고."

"나도 그래. 그 사람이 노력한 과정보다는 그 사람이 이뤄낸 성공이 먼저 보이니까 그런 것 같아."

"내가 할 수 없는 것들이 너무 많은데 무조건 '나는 할 수 있다'라고 하니까 그걸 못하는 내가 마치 바보인 것처럼 느껴지게 만들어."

자기계발을 꿈꾸던 경력단절 전업주부인 친구와 나는 강연장 밖을 나와서 적당한 한숨을 쉬면서 투덜거린다. 강연의 후유증으로 커피 한 잔을 시켜놓고 당도 높은 케이크를 칼로리 때문에 후회할 줄 알면서도 게눈 감추듯이 집어 먹고 있었다.

자기계발과 성공 열풍이 분 후 더 외로워진 사람들은 성공을 꿈꾸던 사람들일 것이다. 달콤한 성공도 쌉쌀한 실패도 온전히 나약한 한 개인이 짊어지고 가며 성공하지 못한 더 다수의 개인들은 더 고독하고 외로워지기도 한다. 그 열띤 군중 속에서 공허함은 온전히 그들의 가르침을 따라가지 못하는 개인의 몫으로 책임이 돌려진다. 나도 그 군중 속에서 꿈을 꾸고 강연장을 찾아다니기도 하며 자잘한 좌절과 가슴 뛰는 동기부여를 받으며 향단이 널 뛰듯이 오르락내리락하고 있었다.

행동으로 옮기지 않으면 그냥 상상으로 끝난다는 것을 이제는 알고 있었다. 네트워크라는 인맥의 힘을 얻기 위해 왁자지껄한 모임 안에 들어갔다. 누군가에게 박수를 쳐주고 크게 딸리지 않는 언변으로 누군가를 웃겨주고 그렇게 시끄럽고 분주한 분위기에서 단정하게 다시 화장을 고치고 미소를 잃지 않으며 그래도 할 말은 똑 부러지게 한다.

동지로 만들고 싶은 사람에게는 적당한 호의를 흘리고 적은 멀리하며 이득을 취할 사람 앞에서는 겸손한다. 군중 속에 소속된 일원으로서 소외되지 않으려고 적당한 리액션까지 넣어가며 호응하고 깔끔한 발걸음으로 돌아왔다.

그렇게 분명한 일상을 보냈음에도 불구하고 이 불확실한 외로움 속에서 공허라는 말이 생각난다면 '집단동의'된 '행복'이란 단어로부터 탈출해야 할 시기임을 알려오는 것이다. '행복해야 한다. 행복해야 한다.' 행복마저 강요되는 세상에서 사람들은 행복을 찾기 위해 애를 쓰고 행복하지 않은 것에 대하여 스트레스를 받는다.

행복은 관계에서부터 오는 것이라고 말한다. 관계에서 다들 힘들어하며 상처 받기 때문에 건강한 인간관계를 누리는 사람들이 더 행복하다는 조사에서 나온 말일 것이다.

나는 마음을 만지는 일을 하고 싶었던 사람이다. 우선 내 마음부터 만져야 한다는 것을 알기에 나 홀로 '마음만지기 연구소'를 차렸다. 그리고 오늘은 나는 어떤 마음과 같이 동행을 하며 하루를 살았는지 체크해 보기도 했다. 확실한 것은 혼자일 때 외로운 것보다 함께했을 때 그 속에서 외로운 기분이 더 밀도가 높았다.

서로가 서로에게 상처 입을까봐 마음 열기를 포기하고 상투적인 언어와 표정으로 방어하면서 득실을 따져가며 쌓아가는 인맥의 과정은 감성적인 나에게는 낯설고 즐겁지 않았다. 마음이 뻥 뚫리고 사람이 좋아 마구 찾아지는 모임은 사회생활이 별로 없는 나에게는 눈에 띠지도 않을뿐더러 정보조차 백지처럼 깨끗했다.

관계에서 오는 행복과 정보를 찾기 위해 서성거리던 나는 뭔가 시작이 잘못되었음을 느꼈다. 타인과의 원만한 관계에서 내 꿈을 찾고 내가 행복한 지름길로 가는 것이 먼저가 아니었다. 군중 속에서 외롭다면 난 그들과 소통하고 있지 않은 것이다. 그들의 탓도 아니고 그들이 외치는 내용의 이유도 아니었다. 난 먼저 나 자신이 정말 무엇을 원하는지 선명하게 몰랐다.

무엇을 얻고자 사람을 찾아 나섰는지에 대해 진지하게 성찰하고 생각해본 적이 없다. 꿈이 간절하다면 그것은 내가 바라는 간절함일 것이다. 그런데 왜 간절한지 내가 왜 그것을 이루어야 하는지 내 자신과 깊이 있게 이야기 해본 적이 없었다. 꿈을 위해 노력하는 데 있어서 게으르면 간절하지 않아서라고 말들을 한다. 간절해지기 위해서는 먼저 그 꿈이 나를 위해서 무엇을 해줄 수 있는지 알아야 했다.

내가 유지하던 관성의 법칙들을 깨부셔가면서까지 극적인 노력을 할 만한 가치가 있는지 내가 진짜 원하는 게 꿈을 이루고 싶어서인지 아니면 현실의 내가 싫어서인지 우선 내 마음 밑바닥에 있는 솔직함과 먼저 소통을 해야 했다.

내 마음과 진솔하게 소통을 못하면서 어떻게 타인과의 관계를 잘 맺어감에 따라 내 꿈의 지름길이 있다고 생각했는지 〈그것이 알고 싶다〉에 제보하고 싶을 판이다.


행복은 꿈을 이루고 나서 유지된다기보다는 꿈을 꿀 때, 그 꿈을 향해 한 발 한 발 내가 나아가고 있음을 느낄 때 내 마음에 스며들어 있는 행복한 시간이 더 많다는 생각이 들었다. 어린 시절 명절 때 항상 삼촌이 사오시던 종합선물 세트와 인형이 기다려지던 그 시간들이 더 행복하고 설렜다. 막상 선물 세트를 뜯고 인형 상자를 뜯고 나서의 행복한 시간은 길지 않았다. 어떤 과자 세트가 있을까 어떤 인형이 들어 있을까를 꿈꾸던 그 시간들이 더 잔잔하게 나를 즐겁고 설레게 해주었다.

그렇다면 내가 군중 속에서 외로운 이유를 찾아야 했다. 그들이 마음의 문을 안 열어주기 이전에 나 또한 내가 무엇을 찾는지 왜 외로운지는 따로 노는 군중들에게서 찾지 말고 따로 노는 나에게서 찾아야 했다.

외로워서 관계의 필요성을 찾아다니면서도 정작 본질보다는 과정과 방법에만 접근하며 어두운 곳에서 열쇠를 잃어버리고 가로등 아래서만 열쇠를 찾고 있었던 것이 아니었는지 스스로에게 묻는다.

# 엄마의 고독 vs 나의 고독

"아무도 나를 사랑해 주지 않아서 기가 죽어 쓸쓸하게 집으로 갔다. 부활절, 울었다."

앤디 워홀 일기 중에서 한 대목이다.

앤디 워홀이 말했는지는 확실치 않지만 "일단 유명해져라. 그렇다면 사람들은 당신이 똥을 싸도 박수를 쳐줄 것이다."라는 말도 들어본 것 같다.

똥을 싸도 박수 받을 만큼 이미 유명하고 부자이고 매력적으로 톡톡 튀던 그도 오늘밤 혼자이고 사랑받지 못하고 있다고 생각한다면 울 수 있다. 지금도 우리 눈에 화려하고 호화스러운 그네들도 어쩌면 어떤 날 밤마다 혼자서 울지도 모른다.

하물며 수시로 혼자서 놀면서 불시에 다가온 노안과 싸우며 노트북을 펼치고 눈을 찡그리고 있는 나도 종종 잘 운다. 엄마한테 전화받고 울고 엄마한테 부재중 12통화가 찍혀도 받지 않으려고 울고 글쓰다가 울고 음악 듣다가도 울고 가만히 앉아 있다가도 눈물이 흐르기도 한다.

"엄마 좀 집에 데려다 줘. 엄마 여기 답답해. 엄마 집에 가면 화장실만 가고 아무 데도 안 갈게. 너 속 안 썩일게."

엄마는 이제 어린아이처럼 되어버렸다. 딸한테 간절한 말투로 부탁하다가도 답답해서 죽을 것 같은 초초함이 찾아오면 무작정 떼를 쓰기도 한다. 한번 전화가 걸려오면 받을 때까지 부재중이 찍힌다. 인지능력이 현저히 떨어진 엄마는 딸내미 속상할까 봐 아프다 소리도 안 하고 꼭꼭 참다가 못 견딜 정도가 돼서야 겨우 터트리는 그때의 엄마가 아니었다. 사람 좋아하는 엄마가 날개 꺾인 새처럼 요양원이라는 새장에 갇히고부터는 하루 종일 누워만 계셨고 딸아이 핸드폰이 엄마의 유일한 희망이자 소통구멍이었다.

들어가시고 얼마 안 돼서 요양원 첫 생일잔치 행사가 열렸을 때는 엄마가 온 무대를 휩쓸었다. 노래도 하고 춤도 추고 예전에 흥이 많았던 그 모습 그대로 어르신들 사이에서 활발하게 움직였다. 그렇게 움직이면서 신이 나게 활동하면 빨리 낫는 거라고 요양원 도우미들이 부추겼고 의욕에 찬 엄마는 어떤 게임이든 열심히 했다. 엄마를 보러 갈 때마다 집에 있던 화초에 물주는 걱정을 하셨다. 살아 있는 것들은 말라죽이면 안 된다고 안절부절하며 몸은 외부로부터 격리된 공간 안에 있으면서 마음은 항상 집에 있던 엄마의 손길이 필요로 하는 것들에 닿아 있었다.

"내가 다 죽어가는 것을 가지고 와서 살려놓은 거야. 그땐 잎사귀가 다 말라 비틀어져서 물 줘도 살릴까 싶었는데 엄마가 정성으로 살려놓은 화초야. 지극정성 아침마다 만지고 물 주고 바람도 쐬어 주니까 지금은 봐라, 얼마나 싱싱하고 새파란지."

"엄마, 지금도 싱싱하게 잘 자라나고 있어. 화분도 그렇게 크지도 않은데 뭐 먹고 그렇게 자라는지 몰라."

화분 안에 화초는 사실 말라가고 있었다. 물을 주어서 될 일이 아닌 듯싶었다. 자신을 들여다 봐주고 관심을 기울이며 정성을 들이던 주인이 없어졌다는 것을 푸른 생명체는 기가 막히게 알아차리고 있었다. 엄마의 버석거리는 얼굴만큼 엄마의 손길이 닿았던 모든 것들이 버석거려지고 있었다.

마치 주인이 없는 것을 알고 고독하게 시들어가는 것처럼 엄마 집에 모든 것들은 침울하게 가라앉고 있었다. 심지어 엄마가 주로 쓰던 작은 냄비마저 쓸쓸하게 말라가고 있는 것처럼 보였다. 주섬주섬 정리라도 하러 들어간 엄마 집은 너무 고요하고 무거워서 난 오래 버티지 못하고 후다닥 나와버리곤 했다.


엄마는 사람들과 어울리고 엄마의 목소리를 내고 또 그것을 인정받고 엄마가 가진 것을 나누는 것을 좋아하셨다. 엄마가 혼자 있는 시간은 엄마가 생각이 많아지거나 괴로울 때뿐이었다. 항상 사람들과 어울리기를 좋아했다. 그런 엄마가 아빠가 돌아가시고 내가 시집을 가버리고 입양했던 아이마저 내보내고 나서부터는 혼자가 되었다. 명절 때마다 시댁을 먼저 들르고 친정은 차후여야 했던 이 땅의

며느리였던 나는 사람이 북적거리는 명절을 한번 지내보고 싶다는 엄마의 그리움을 알고도 항상 뒤로 미루어왔다. 왜 그런지 몰라도 친정은 나에게 위로와 안식처가 아닌 돌봐주고 애써야 할 어깨의 짐처럼 묵직한 보따리 같았다.

명절날 재료만 잔뜩 쌓아놓고 이제 부치기 시작해야 할 부침개거리 같았다. 어쩌면 나는 시댁을 핑계로 엄마에 대한 안쓰러운 마음을 짊어진 채 보고 싶지 않은 무거운 풍경들을 회피하려고 며느리 행사를 하느라 먼저 후다닥 시댁으로 가는 것을 원했는지도 모른다.


점점 혼자가 된 엄마는 외로워했다. 크게 넘어져 척추를 다치고 큰 수술을 하고부터는 몸도 예전 같지 않아졌고 무엇보다도 동안이라고 사람들이 말할 때마다 나에게 은근 슬쩍 했던 자랑들도 더 이상 하지 않았다. 엄마는 나이보다 더 들어 보이기 시작했고 지난 추억들을 꺼내어 그렇게 속 썩이던 아빠사진을 꺼내어 뽀얘진 액자 위 유리를 수건으로 틈틈이 닦았다.

"엄마는 식구가 아주 많았으면 좋겠어. 항상 사람들이 북적거리는 집에서 한번 살아보았으면 좋겠어."

"그럼 애기 좀 많이 낳지 그랬어. 한 일곱 명 정도는 낳으면 엄마 편히 쉴 날도 없게 수시로 들락날락했을 텐데."

"그게 내 마음대로 되냐. 너 하나 얻기도 얼마나 힘들었는데."

혼자 사시는 엄마는 점점 더 외로워하고 고독해 하며 매일 새벽기도를 하러 성당에 다니셨다.

성모 마리아에게 의지하고 기도에 의지한다며 성당이 이제 엄마의 낙이라고 하셨다. 그렇게 외로움과 함께 살면서 지난 세월을 눈물로만 써도 책 열 권은 훨씬 넘게 나온다는 분량의 아픔마저 진정이 되려는 어느 순간이었다.

삶의 긴장이 풀리면서 노년의 엄마에게 불쑥 치매가 찾아온 것이다. 망각과 혼돈의 기억들이 현실로 나타나며 엄마는 종종 과거의 어느 시절로 돌아가 있었다. 주로 아빠를 기다리거나 동네 어느 잔칫집에서 사람들을 보고 있던 풍경으로 말이다.

외로움이 넘쳐서 흘러버린 엄마의 고독은 엄마가 가고 싶어 했던 어느 시점으로 엄마를 종종 데려다 주곤 했었다. 흩어진 모자이크 조각 같은 단편의 기억들 속에서 엄마는 헤매고 있었다. 엄마의 고독은 짙은 그리움이었다.


카페에 앉아 다섯 시간씩 글을 쓰거나 음악을 듣는 나는 요즘 사람을 거의 만나지 않는다. 혼자서 밥을 먹고, 혼자서 영화를 보고, 혼자서 군것질을 하며, 혼자서 쇼핑도 하고, 혼자서 산책을 한다. '혼자 있음'이란 사람으로부터 달아나는 것이 아니다. 내가 선택한 고립을 차분하게 경험하면서 경험치 만큼 사람의 냄새를 그리워하는 것이기도 했다.

고독이 제대로 스멀거리며 밀려올 때는 이 지구상에 혼자인 것만 같은 덩그러함이 밀려오지만 지금의 고독은 내 스스로가 선택한 삶의 태도다. 대인기피증도 아니고 현대의 피곤한 인간관계에 대한 저

항도 아니다. 엄마처럼 노년에 어쩔 수 없이 맞이하는 외로움에 대한 고독도 아니다. 무슨 거창한 이유가 있는 것이 아니고 그냥 내 자신과 친해지기 위해서이다.

비교하지 않고 그로인해 초라해하지 않고 자학하지 않기 위해서는 신기하게도 혼자서 외로움에 대한 맷집을 기르다 보니 저절로 마음이 편안해지고 있었다. 내가 날 모르고 타인들부터 판단하려고 하니 '다름'에서 오는 많은 것들로 상처받고 있었는지도 모른다. 혼자 있으면 적어도 내 친구는 나밖에 없다. 외부의 자극이 들어와서 내 생각보다 남의 생각으로 나를 몰아가는 일도 없다. 나를 상대해줄 사람이 나밖에 없으니 나하고 일단은 친해지게 된다. 무기력을 동반한 외로움은 위험하지만 혼자서 부단히도 꼼지락거리는 외로움은 즐기는 단계로 한 발 나아가기도 한다. 고독해서 울고 싶었지만 고독하기 때문에 다시 시작하는 하루는 나를 위해 살아지기도 한다.

엄마의 고독은 나의 고독과 색깔은 다르지만 그래도 고독한 두 모녀가 만나서 이야기를 할라치면 참말로 고독한 내용들이 오고가기도 한다. 돌아갈 수 없는 집을 항상 그리워하는 엄마는 나만 보면 짐 보따리를 싸려고 하고 난 또 가지런히 풀어서 다시 원점으로 걸어놓기도 한다.

난 자발적 고독을 자처했고 고립되지 않았으나 엄마는 거부하고 싶어도 찾아온 고독 속에서 절망하다가 생긴 병으로 인해 고립되어 있다. 고립된 엄마는 물이 더 이상 들어가지 않는 화초처럼 메말라가고 있었다. 생기 있고 할 말은 다하던 엄마는 이제 없다. 꼬들꼬들 윤기가 말라가면서 엄마 옆에 가면 어쩔 땐 마른 지푸라기 냄새가 났다. 마음이 맡아지는 냄새라 비누로 씻길 수도 없었다.

"엄마 좀 나가게 해줘 딸…,"

"엄마, 나가고 싶다고 해서 나가면 또 막 어지러워하면서 쓰러지시잖아. 우리 집에 모시고 가도 한 시간 이상 못 있으시면서 왜 또 그러셔."

"아니, 엄마 집에 가고 싶다고, 엄마 집…."

"엄마가 집이 어디 있어, 다 팔고…. 그것 땜에 맘고생하시다 겨우 마음이 살 만하니까 이렇게 되시고…."

"우리 집이 왜 없냐. 엄마는 기억이 안 나. 언제 팔았어. 해피도 그럼 팔았어?"

해피는 엄마가 키우던 강아지다.

"엄마가 엄마 친구 드렸잖아. 해피는 잘 살고 있을 거야."

집을 처분하고 작은 전셋집에 거주하던 엄마는 아직도 예전의 그 집을 잊지 못하고 붙잡고 계셨다. 마음고생이 많아서 지긋지긋한 집이었다고 했으면서 그 집으로 마음을 들여놓고 못 나오고 있었다. 집을 팔았다고 다시 확인시키면 그제서야 눈을 꿈뻑이면서 눈물이 그렁거리신다. 그리고 모든 수분이 빠져나간 지푸라기처럼 힘없이 침상에 쓰러져 어느새 잠이 들어버린다. 혼자서 있는 시간들은 얼마든지 기꺼이 고독함을 즐길 수 있으나 엄마를 보면서 드는 고독한 기분은 어린 시절까지 거슬러 올라가서 심연처럼 깊숙하다.

거칠 것 없던 앤디 워홀도 그렇게 쓸쓸해서 울었다는데 더 이상 딸에 대한 걱정스러운 엄마의 손길을 느낄 수 없는 나도 잠든 엄마의 침상 앞에서 쓸쓸해서 울었다. 참지 않고 눈물을 뽑아내고 나면 조금은 시원해진다. 요양원에서 나오는 길목 편의점에 들러 달달한 아이스크림 한 개를 집어든다. 혀끝의 달콤함에 지금 이 순간을 다시 리셋, 슬프거나 먹먹한 생각들을 멈추고 다시 살아가야 하는 일상으로 생각을 전환시키려고 스스로에게 말을 걸고 질문을 한다. 아이스크림 막대기가 깨끗해질 무렵에는 어김없이 버스가 온다.

# 그땐 그랬었지

비가 온다. 지독했던 폭염이 온 나라를 달구고 열기가 새벽까지도 가시지 않아 잠 못 들어할 때가 불과 며칠 전이다. 조금의 촉촉함도 허락하지 않던 하늘이 처서가 지나서 좀 살 만해지니까 비를 뿌려준다. 가물어서 바닥을 드러내던 천변이 다시금 숨을 쉰다. 마음이 빗소리에 젖어 시원하다. 빗소리는 그냥 편안하다. 젖어들어도 춥지 않은 괜찮은 소리다. 하늘의 명암이 커피가 어울리는 조명을 만들어주고 음악이 더 가슴속에 파고들도록 내가 보는 세상을 잔잔하게 가라앉혀준다. 살아오는 동안 만났던 많은 비 오는 풍경들과 다시금 기억 속에서 만나게도 해준다.

'그때 그랬었지.'


그때 그랬었다.

속으로만 좋아하던 남자아이가 하나 있었다. 가슴이 봉긋하게 올라오면서 엄마가 브래지어를 사와서 채워준 그날, 그 답답하고 어색한 것을 두르면서 자꾸 신경이 쓰여 죄 없는 윗옷만 열심히 손으로 늘리며 혼자서 민망해하고 있었다. 사춘기라는 말이 어색하지 않을 나이가 되어서야 처음으로 마음이 가던 남자아이가 있었다. 달리기가 들어 있는 체육 시간에는 혹여 가슴이 출렁일까 봐 압박붕대를 두르고 달렸다. 그래야 안심이 되어서 답답하게 숨이 조여와도 달리기 연습이 있는 날이면 아침부터 압박붕대를 야무지게 감고 다녔다.

하지만 그날은 달리기 연습이 있다는 것을 깜박하고 엄마가 사온 브래지어를 착용한 채 등교하고 말았다. 우리 반에서 제일 먼저 브래지어를 착용한 아이가 내가 아닐까 싶다. 신체의 어느 특정 부위가 발달되었다는 것은 지금의 추세로 봐서는 축복인데 그 당시에는 민망하고 창피하고 부끄러웠다. 내성적이고 수줍음이 많던 시절이었다. 좋아하는 남자아이가 처음 생겼는데도 절대 표시내지 않았다. 오히려 그 아이가 말을 걸라치면 더 멀리 도망가며 무관심을 넘어서 기피의 증상까지 내비쳤다. 마음이 들킬까봐 더 멀리 도망 다녔다.

다른 반이었던 그 아이와 그날은 체육시간에 같이 반 대항 달리기를 했다. 점심 먹고 체기까지 있어서 사태는 더 최악으로 치달았다. 달리기 싫었지만 내 차례는 어김없이 다가왔다. 남자아이는 남자아이들끼리 경주를 했고 여자아이들은 여자아이들끼리 했다. 달리기에 자신 없던 나는 잘 뛰어봐야 꼴찌에서 두 번째나 세 번째였다. 이를 악물고 뛰어 본 적도 없었고 '꼴찌는 면하자'의 기본 승부 정신도 딱히 없었다. 뛰면서 옆도 보고 가끔 뒤도 보고 뭔가 경쟁하는 태도가 아니라 그냥 달려야 하기에 어쩔 수 없이 달리는 설렁설렁한 자세로 임할 뿐이었다.

그날은 잘 뛰고 싶었다. 그 아이가 지켜보고 있었다. 한번쯤은 이를 악물고 앞만 보고 뛰어보자는 마음이 들었다. 그리고 내 차례가 다 되어갈 무렵 비가 내렸다. 하늘이 흐리긴 했어도 갑자기 그렇게 비가 떨어질 줄은 몰랐다. 얇은 반팔 체육복은 젖어들었고 선생님은 내가 서 있는 줄까지만 뛰고 비를 피하자고 하셨다. 비가 와서 좋다고 내심 안심했었는데 나는 뛰어야 하는 것이다. 물에 젖어 드러난 브래지어 자국이 신경 쓰였다. 짧은 시간에 온갖 민망한 시선들을 받으며 달렸다. 어쩐 일인지 내 앞에 아무도 없었다. 일등인 것 같았다. 그리고 고지가 눈앞일 무렵 난 비에 젖은 어느 지점을 밟고 보기 좋게 미끄러지면서 앞으로 고꾸라지며 넘어졌다. 무릎이 까져서 뭔가 쓰라린 것도 신경 쓰이지 않았다. 가슴부터 가리고 싶었다. 비가 내릴수록 선명한 브래지어 자국이 드러났고 일제히 시선이 쏠리는 것을 느끼며 얼굴이 화끈거렸다. 넘어져서 까진 것들은 눈에 보이지도 않았고 흙투성이 옷자락들은 추스르지도 못했다. 그 순간 그 아이와 눈이 마주쳤을 때 무조건 아무 데라도 숨고 싶었다.

비를 피해 아이들이 운동장에 쳐진 간이 천막 밑이나 조회대 안으로 뿔뿔이 들어갔을 때 난 양호실로 간다는 핑계 하에 학교 담장 개구멍을 통과해 어느 논두렁과 밭두렁이 있는 큰 나무 아래에 앉았다. 상처는 심하지 않았다. 넘어진 강도에 비해서는 쓸리듯이 까져서 쓰리게 핏물만 송글송글 맺혀 있었다. 그나마 핏자국도 빗물에 씻겨져서 내려가고 있었다. 일부러 비를 맞았다. 화끈거림이 빗소리에 묻히기를 바랐고 빗줄기에 씻겨 나갔으면 싶었다. 그동안 철저했던 압박붕대 효과가 사라지면서 나는 뭔가 한창 예민한 성장기의 날것 같은 수치심을 들킨 듯 어쩔 줄을 몰라 하고 있었다. 눈물이 나는 것 같기도 하고 빗물 같기도 하고 그렇다고 확 눈물이 터진 것 같진 않기도 하고 나도 모를 애매한 감정들로 비를 피해 어느 큰 나무 아래로 들어서 앉았다.

무심코 쳐다본 발 아래에는 토란잎들이 무성하게 자라 있었다. 빗방울이 또르르 토란잎사귀 위에서 맴돌며 후두둑 떨어져 나갔다. 아무리 빗방울이 때려도 적셔지지 않은 토란잎사귀가 평소보다 더 신기하고 특별하게 다가왔다. 투명하게 코팅이 된 잎사귀 표면에서 빗방울들은 전혀 스며들지 못했고 따로 놀다가 또르르 떨어져 나갔다. 멍하니 집중하노라니 마음이 편해지고 있었다. 온 세상의 것들이 다 비를 맞으며 후두둑 젖어드는데 초연해보이는 토란잎사귀가 도도하고 당당해 보이기까지 했다.


토란잎자루는 대수롭지 않은 듯 간지러운 양 빗방울들을 흔들어 대고 있었다. 심장을 닮은 잎자루 위에서 굴러다니던 물방울들은 거침없이 부딪힐 때는 언제고 방울방울 모여 동그랗게 힘을 모으다가도 흔적도 없이 사라졌다. 동그래진 것들의 모양새가 점점 내 마음을 다독여주고 있었다. 뾰족한 것들이 아닌 둥글둥글 한 것들만 쳐다보니 그래진 것일까. 창피했던 마음이 점점 부드러워지고 있었다. 비가 소녀를 당황하게 만들고 부끄럽게 만들더니 다시금 소녀의 마음을 편안하게 보듬어주고 있었다. 토란잎자루 큼직한 것을 하나 골라서 따가지고 머리 위로 쓰고서 교실로 향했다. 이미 젖은 머리지만 더 이상 젖지 않게 토란잎이 머리 위에서 울타리를 쳐주고 있었다.

위로가 된다는 것은 꼭 사람에게서만 받지 않아도 된다는 것이 그때 선명하게 각인되었다.


비가 오면 가끔 그때 나의 우산이 되어주었던 토란잎자루가 생각나곤 한다. 마음이 버석거릴 때는 촉촉하게 생각을 적셔주는 비가 그리우면서도 비가 와야 그 진가를 발휘하는 토란잎자루 같은 울타리도 그립다.

사노라면 예상치 못한 것들로 인해 마음이 할퀴고 쓰라리게 까져서 스스로 후시딘을 발라야 할 때가 있다. 약국에서 파는 후시딘이라면 정말 편하겠지만 마음이 다칠 때는 돈을 주고 살 수 있는 연고로는 처방이 안 된다. 토란잎자루처럼 빗방울에 의연한 무엇인가를 가지려면 나를 지키려는 것들이 자연스러워야 한다. 내가 나를 위해 쳐놓은 울타리들이 순리에 어긋나지 않으면서 나를 보호할 줄 아는 것으로 만들려면 나에게 내리치는 빗방울들을 원망하는 게 아니고 내 잎자루 위에서 그냥 데구르르 놀다갈 수 있도록 무심해져야 한다는 것을 살면서 알아졌다. 미워하고 원망하는 것보다 무심해지는 게 훨씬 더 어렵다는 것을 알지만 내가 나를 지키려고 울타리를 쳤으면 그 어려운 것을 해내야 든든하다는 것을 세월을 먹는 만큼 느끼고 있다.

남을 미워해보고 다친 내 마음을 보면서 뒤늦게 깨달았다. 내 주변에 치는 울타리들은 주로 내가 집착하지 않게끔 거리를 두거나 원 망하거나 싫어하지 않게끔 적당한 거리감으로 인간관계를 유지하는 것이었다. 뜨겁진 않지만 차갑지도 않았다. 뜨거워서 데일까 봐 걱정 안 해도 되고 차가워져서 상처주거나 받지 않아도 될 만큼의 적당하 고 따뜻한 온도를 지향한다. 물론 그 온도 맞추기를 못해서 마음이 화드득 화상을 입은 적도 있고 본의 아니게 상처를 준 적도 있다. 그 렇게 마음이 담금질을 하다보면 알아서 너덜거려지다가 알아서 뭉쳐 지다가 자연스럽게 단단해진다. 토란잎사귀는 순리대로 저를 지키지 만 사람은 아프고 다쳐봐야 울타리를 쳐서 자신을 보호한다. 울타리 가 단단하다는 것은 어쩌면 상처가 많은 주인이 꼼꼼하게 매듭을 지 으며 둘러친 것일 수도 있다. 지키고 싶은 나의 영역이 내 마음이라 면 마음에서 친 울타리는 내가 숨고 싶은 만큼, 혹은 내가 상처입지 않을 만큼의 공간을 만들어 놓는다. 그 높이도 넓이도 스스로 아팠던 만큼 조심스럽게 크기를 결정한다.

비가 오는 날이면 내 울타리는 비가 되기도 한다. 엄마의 양수 안 에서 떠다니며 유영하던 그 물소리처럼 편안하게 날 안아준다. 바닥 에 툭툭 부딪히는 빗소리는 일정한 리듬으로 편안한 멍 때리기를 유 도한다. 아기 적부터 익숙해진 그 자연스러운 소리에 숨어들어 일상 의 지친 어떤 마음을 쉬어가기도 한다. 소녀가 보았던 토란잎자루를 기억 속에서 끄집어내어 중력조차 존재하지 않을 것 같은 나른함 위 에서 끊임없이 물방울을 굴리며 쉬어가고 있다.

# 고독이 필요해

"어머, 난 자기 어디 외국 간 줄 알았어, 아직도 이 동네 있었던 거야, 대체 얼마 만이야?"

본 지 한 3년은 된 것 같았다. 한때는 같이 점심도 먹고 커피도 종종 마시던 성격이 좋은 언니였다. 성격이 활발하니 항상 주위에 사람이 많았고 모임도 많아서 아파트의 누구네 소식이 궁금하면 그녀한테 물어보는 게 오히려 빠를 지경이었다.

"언니는 여전하네. 3년 전하고 그대로야."

"아유, 말을 말아. 그 사이 갑상선 수술에 대상포진에 나 죽다 살았잖아. 나도 저번 달까지 반년 동안은 꼼짝도 못 했어."

"언니 같은 사람이 꼼짝 못하면 더 병나는데 힘들었겠다. 내가 소식도 모르고 살아서 아픈 줄도 몰랐네. 고생했겠다."

"그나저나 어디 갔다 온 거야? 소리 소문도 없이 가냐, 소식을 물어봐도 다들 모른다고 하니 외국으로 몰래 떴나 다들 궁금해."

"하하 아냐 언니, 나 여기 계속 살았어, 잘 안 돌아다니고 모임을 거의 안 나가서 모르는 거뿐야. 그래도 몇 개는 나가서 잘 살고 있다고 얼굴도장은 가끔 찍는데."

"왜 그래 무슨 일 있어? 왜 있는 듯 없는 듯 지내?"

"아무 일도 없어, 그동안 충분히 있는 듯 지내서 이제 조용히 지내도 될 듯해서."

"나는 아프니까 어디 마음대로 움직이지도 못하고 미칠 것 같던데, 혼자 있는 시간이 많으니까 우울해서 죽는 줄 알았어. 몸 아픈 거보다 사람을 못 만나서 말을 못하니 우울증이 오더라."

혼자서 묵밥집을 찾아서 묵밥을 먹고 있다가 보리밥을 먹으러 온 그녀와 맞닥뜨렸다. 친절한 그녀는 궁금하지 않았던 남의 집 이야기들을 2시간 동안 말해주었다. 아팠던 와중에도 레이더는 살아 있었던지 그녀의 입에서는 누구네 집 어디가 어떻고 누구 집 남편이 어떻게 되고 기타 등등 누구네 소식들이 한꺼번에 총 정리되어서 파노라마처럼 펼쳐졌다.

"언니, 아프긴 아팠던 거야? 어떻게 아파서 혼자 있었단 사람이 그렇게 동네방네 소식을 다 알아?"

그녀는 깔깔거렸다. 그녀의 즐거움은 마치 사람들 사이의 소식에서 마구 생산되는 양 말을 아끼는 데 인색하지 않았다. 그녀에게 에너지의 원천은 주변 사람들과의 자잘한 일상의 소식을 접하는 것에서부터 오는 듯 보였다. 모처럼 사람을 만난 그녀의 입담은 도중에 끊지 않으면 끝이 없을 것 같았다. 혼자 조용히 있던 시간이 많은 터라 갑자기 말 멀미가 났다. 내가 떠드는 게 아닌 남의 소식들만을 들으며 일방적으로 노출되어 있는 시간은 몇 년 동안은 금기시되어 있던 나의 일상이었다. 혼자에 익숙해진 나는 어느덧 견고히 쌓아왔던 생각들과 파장이 맞지 않으면 멀미를 하고 있었다. 어쩌면 혼자인 시간에만 익숙해져서 많은 것들을 놓치고 있는 것은 아닌지 생각이 많아질 때도 있었지만 그래도 내 마음이 편하고 내 생각이 편한 그 시간들에게서 평화를 얻은 게 더 많았다.

그녀와의 활기 넘치고 왁자지껄한 대화는 무엇인가 생동감이 넘치면서 반갑기도 했지만 낯설고 집중이 되지 않는 이중적인 시간이었다.


인간은 본능적으로 이기적이다. 이타적이고 헌신적인 사람도 그 내면을 들어가서 보면 결국 자기만족이다. 추위에 떨고 있는 어느 노숙자에게 내가 걸치고 있던 외투를 걸쳐주는 사람도 그 순간은 어찌해야 할지 갈등했을 것이다.

그 모든 갈등을 뒤로하고 과감히 외투를 건네주고 왔다면 그 사람은 남다른 사람으로 보여진다. 노숙자가 떨고 있는 게 안쓰럽고 순간 인간적인 동정심이 들어서 그랬다면 그때 내려진 결정은 자신의 희생을 감수하고 노숙자를 위해서 모든 불편함을 감당한 것이다. 그렇지만 좀 더 깊이 들어가자면 그 사람은 마음에서 저울질을 한 것이다. 그냥 지나치면 마음이 불편하고 신경 쓰이고 하는 양심적인 것들이 내 추위나 닥쳐올 불편한 조건들보다 더 무거웠던 것이다. 결국 인간은 자신의 마음이 좀 더 편하다고 생각하는 쪽으로 무게를 달아 결론을 내리게 되어 있다.

순수한 이타심의 알맹이도 들여다보면 결국 자기만족일지도 모른다. 혼자서 있는 시간이 많다보니 스스로에게 묻고 대답하는 시간이 늘어난다. 질문이 늘수록 내가 옳다고 생각하며 행했던 일들이 꼭 옳은 것이 아니며, 내가 맞다고 생각한 것들이 다 맞는 것이 아니며, 내가 희생했다고 생각했던 것들이 결코 순수한 희생이 아니었음을 깨닫는다.

시간이 갈수록 외로움은 쌓여갔어도 세상을 바라보는 관점은 더 유해져 갔다. 주변인들이 떠나가는 것이 두려워 혼자임을 포기하고 그 속에서 많은 말들에 묻혀 여전히 살아가고 있다면 난 이렇게 커피숍 어느 구석에 앉아 나의 이야기를 쓰고 있을 생각은 하지 못했을 것이다.

나를 이해하지 못하고 나를 알지 못한 상태에서 상대를 이해하고 상대를 감싸줄 수 있다는 것은 또 다른 가면을 쓰고 살아가는 인간관계이다. 그런 관계는 더 넓어질수록 스스로에게 공허해진다. 남들의 인정, 남들의 칭찬, 남들의 박수는 잠시 마약 같은 것일 뿐 약기운이 풀리고 나면 그 불안한 마음은 만족을 모르고 더 갈증을 내게 될지도 모른다.

조건 없이 내 옆을 지켜주는 사람은 없다. 엄마도 내 자식이기 때문에 옆에서 사랑을 주고 관심을 주는 것이다. 짝사랑도 그러하다. 상대가 쳐다보지 않아도 곁을 맴돌며 그렇게 염원할 수 있는 것은 그 사람을 보면 마음이 설레고 두근대는 호르몬이 반응하기 때문이다. 마음이 아무런 요동도 치지 않는데 무조건적으로 베푸는 사랑은 없다. 내 옆에 머무는 것은 한결같이 이유가 있기 때문이다. 조건도 없고 이유도 없이 같이 붙어 다닐 수밖에 없는 내 옆의 존재는 나밖에 없다. 누군가가 날 떠날까 봐 내 마음을 돌볼 여유도 없이 관리만 하는 사람은 더 철저한 외로움에 노출되어질지도 모른다. 고독과 마주할 수 있는 자세가 되어 있다면 이미 고독은 더이상 부정적인 의미가 아니다. 고독을 벗어나기 위해 한때 웰빙, 힐링, 욜로(YOLO)가 사람들의 마음을 두드렸다. 어른이 되고 책임이 늘어나고 관계로 인해 지치고 생계의 무게로 허덕일 때 사람들의 행복을 부추기며 유행했던 트렌드들이 무늬만 바뀌면서 시간에 따라 계속 다른 언어로 바뀌어가고 있었다.

"내가 아프면서 느낀 건데 건강을 잃으면 세상 살맛 안 나. 근데 건강보다 말할 사람이 없어지니 그게 더 우울하더라. 이런 게 고독이구나 그때 알았다니까."

"언니는 주변에 항상 사람이 있어야 안 고독한가 보다."

평상에 펼쳐진 상을 행주로 훔치러 온 할머니가 갑자기 끼어들었다.

"고독은 뭔 고독이여, 배고파 봐. 다 배가 불러서 하는 소리들여. 먹고살 일이 우선 지랄이면 고독은 무슨 얼어 죽을 고독이여. 낼 먹을 거 걱정이나 하는 거지."

고독타령 하는 두 여자가 배가 불러보였을 할머니는 기어이 한 소리 하시면서 상을 치웠다.

유들하고 말 많은 언니가 가만 있을 리가 없다.

"할머니, 배가 고파도 배가 불러도 고독 할 수 있는 거예요. 가난하고 고독은 상관이 없어요."

"똥구녕이 찢어지게 가난해 봐유. 내 새끼 당장 먹을거리가 걱정이 태산이라 깜깜하지, 뭔 고독타령이여."

할머니가 생각하는 고독은 배부른 것들의 사치스런 그 무엇쯤으로 여기시는 것 같았다.

당장 내 새끼 먹을 끼니가 막막해 잠 못 이루고 걱정하는 그 마음도 어찌 보면 가난에 대한 고독일 수도 있지만 할머니가 느끼기에 고독은 뭔가 더 생존의 안정을 유지하는 사람들의 사치스런 감정으로 받아들일 수도 있겠다 싶었다.


언어란 게 그렇다. 같은 언어라도 그 사람이 어떻게 생각하고 내뱉냐에 따라서 같은 말 다른 내용이 될 수도 있다. 할머니한테 고독은 사치고, 앞에 앉은 언니한테 고독은 우울이고, 나한테 고독은 습관 같은 것이다. 마치 관성 같은 것이기에 나를 우울하게 한다기보다는 길들여진 편안함으로 다가오기도 한다. 고독 역시 변화와 진화의 과정을 거친다. 내 감정의 흐름을 들여다볼 수 있는 묵묵한 친구였다. 회피하기보다는 내 인생에서 필요한 진지한 과정 중의 하나였을 뿐이다. 누구나 고독할 수 있고 고독한 내용도 다르고 고독의 깊이도 다르겠지만 고독은 인생과 정면으로 맞닥뜨려야 하는 현실이기도 하다.

"언니, 인생은 '독고다이'다. 고독을 너무 우울해하지 말아."

"아유, 대상포진만 안 오면 난 안 고독할래. 난 대상포진이 너무 고독해."

사람은 잘 안 변한다.

한결같은 그녀와 앉아서 나도 혹시 무늬만 변했지 그대로인 내용물을 가지고 고독해하는 게 아닌지 궁금해졌다.

그럼에도 불구하고 난 더 고독할 필요가 있다.

# 내가 좋아하는 것들

코칭 자격증을 공부하면서 코칭 실습시간을 가졌다. 전화 코칭으로 사람들에게 질문하는 방식의 실습을 하며 실습시간을 차곡차곡 채워나갔다. 질문으로 시작하여 질문으로 끝나는 기본 룰에 우선 충실하기로 했다.

소개를 받고 전화를 했다는 분께 무엇에 대하여 이야기 하고 싶냐고 물었다.

"'내가 좋아하는 것이 무엇일까'에 대해서 이야기 나누었으면 해요. 전 제가 좋아하는 것이 뭔지 아직도 모르겠어요."

"지금까지 살아오면서 그래도 어쩔 때가 좋았었는지 말씀해주시겠어요?"

"남들이 저의 능력을 인정해주었을 때요. 칭찬받을 때요, 그리고 부러운 눈길을 받을 때 좋았던 것 같아요."

"어쩔 때 인정받고 칭찬받으셨나요?"

"어릴 때 어른스럽다고 아빠가 용돈 많이 주시면서 인정받는 기분이 들을 때도 좋았고요. 인기가 많았던 남자아이를 누르고 반장이

166

되었을 때 박수 받는 게 좋았고요. 좋은 대학 합격했을 때 엄마가 너무 행복하다고 말했을 때 그리고 제가 파워 블로거이고 페이스북 팔로워 수도 무지 많거든요. '좋아요' 표시가 많이 달린 날은 좀 인정받은 기분이 들어요."

"그럼 인정받고 칭찬받을 때만 기분이 좋은 기억이 있으신 건가요? 그 외에 자신이 무엇을 했을 때 스스로에게 기분 좋았던 적이 있으면 말해주실 수 있을까요?"

"그게요, 주로 남들에게 인정받거나 칭송받을 때만 좋았던 것 같아요. 너무 터무니없지만 웃기게 그렇게 살아왔던 거 같아요."

"그럼 인정받지 못한다는 기분이 들 때는 어떤 생각이 드시나요?"

"타인이 나를 인정해주지 않는 기분이 들 때는 내 자신이 무가치하거나 쓸모없는 것 같은 비참한 기분이 들어요."

"왜 그런 생각이 든다고 생각하세요?"

"모르겠어요, 전 어릴 때부터 가족에게도 인정받기 위해 노력한 것 같아요. 노력한 만큼 칭찬해주면 또 그게 기분 좋아서 계속 노력하고…."

"본인이 노력하지 않으면 가족들이 비난하거나 뭐라고 했나요?"

"아니요, 그런 건 아닌데 그냥 엄마 아빠에게 칭찬을 받아야 힘이 났어요."

"그럼 지금은 사람들한테 인정받고 칭찬받는 거 말고 어쩔 때 힘이 나시나요?"

"그걸 모르겠어요. 내가 어쩔 때 힘이 나는지 무엇을 좋아하는

지…. 내 페북에 '좋아요' 수가 떨어지면 우울하고 내가 진짜 행복한 게 뭔지도 모르겠고 그래서 요즘은 자주 우울해지고 무기력해지는 것 같아요."

"네, 그럴 수도 있을 거 같아요. 아무래도 인기 있는 블로거인데다가 자신이 올린 페북에 관심을 가지고 지켜보는 사람들도 많으니 반응이 신경 쓰이실 수도 있겠어요. 자 그래도 다시 한번 눈을 감고라도 내가 뭘 했을 때 좋았었나 한번 생각해보실래요. 남들의 반응과 연관 짓지 않고 순전히 나 혼자 뿌듯했거나 좋다고 느낀 것을 들어보고 싶어요."

"음… 음악을 들으며 혼자서 여행을 갔을 때 너무 좋았던 거 같아요. 혼자니까 아무 시선도 신경 쓰이지 않고… 그리고 커피가 맛있는 집 발견해서 커피가 맛있을 때, 제가 바리스타 하려고 커피를 두 달간 배운 적이 있거든요, 배우는 과정은 별로 재미없었는데 맛있는 커피 마실 때는 기분이 좋아요. 우선은 이것만 생각나네요. 난 나에 대해서 잘 모르겠어요. 너무 한심하죠?"

"왜 그게 한심하다고 생각하시죠? 이미 본인에 대해서 많은 것을 알고 계시는데."

"고작 두 개가 많이 아는 거예요? 막 좋아하는 거 적으라면 쉴 새 없이 빼곡하게 적는 사람들도 많던데,"

"그건 그 사람들이고요. 내 인생은 내가 사는 것이니까 우선 나만 생각해 보시자구요. 제가 듣기로는 ○○님은 이미 본인에 대해 많은 것을 알고 계세요."

"제가요? 설마요."

"아직도 남들의 칭찬이나 관심에만 매달려서 SNS를 하는 사람들이 얼마나 많은데요. 그런데 ○○님은 먼저 자신을 인정할 줄 아세요. 난 칭찬과 인정에 기분좋아하고 있다. 그런데 그것 때문에 우울해하고 있는 자신의 이면을 보고 계세요. 인정받는 듯한 그 순간 잠시 좋았을 뿐 실제로는 본인이 그것을 좋아하지 않고 의미 없어 하는 것을 알고 계세요. 그러니까 처음에 좋아하는 게 뭔지 모르겠다고 하셨잖아요. 진짜로 그것을 좋아한다면 모른다고 말씀 안 하셨겠죠."

"남들의 인정을 받는 것은 기분은 좋은데 그게 또 바로 우울함을 불러오니까 큰 의미는 없는 거 같아요. 제가 그것에 자꾸 휘둘리는 것 같아서 좋아한다고는 사실 말 못하죠."

"좋아하는 게 100개나 되면 행복할 수 있겠지만 골고루 다 해보지 못하면 사람은 또 갈증나지 않을까요? 좋아하면 다 해보고 싶으니까…. 좋아하는 게 적다고 불행하진 않은 것 같아요. 좋아하는 게 없다면 그건 생각해볼 일이지만 적다면 깊이 있게 집중할 수도 있는 장점이 있죠."

"혼자 여행하면 마음이 편해져요. 좋으니까 여행할 땐 내 자신에게 집중은 되죠. 말하다 보니 제가 그것을 좋아하긴 하는 거 같네요."

"제가 보기에는 혼자서도 충분히 편안함을 느끼고 좋은 시간을 가지시는 것 같으세요. 혼자 여행하는 거 심심하거나 재미없다고 못하는 분들이 더 많거든요. 그런데 왜 사람한테 인정받고 칭찬받으면 기분이 좋아진다고 생각하세요?"

"글쎄요, 내가 좀 존재 가치가 있는 것처럼 보여서?"

"남들이 ○○님의 존재 가치를 인정해준다는 게 ○○님에게는 어떤 의미가 있는 것인지 생각해보셨나요?"

"그냥 내 자신에 확신이 없으니까 남들에게 인정받아야 내 가치를 확인받는 게 아닐까요?"

"자신에게 어떤 확신이 들지 않으세요?"

"그냥 뭘 해도 잘 하고 있다는 자신감이 없고 내가 잘 살고 있는지 확신도 없고…."

"그럼 남들은 잘 살고 있다고 생각하세요?"

"저보다는요. 페북이나 인스타그램에 올라와 있는 소식들 보면 다들 잘 살고 있고 나보다는 행복해보여요. 잘 나가는 것 같고."

"○○님은 파워블로거잖아요. 하루에 방문하는 친구들이 많으시죠?"

"네."

"페북도 팔로워들이 많다고 하셨잖아요. 사연 한번 올리면 '좋아요'를 평균 몇 개나 받으시나요?"

"한 200개는 받죠."

"우아~ 저는 물론 자주 들어가진 않지만 어쩌다 올리면 두세 개 받아요. 저의 백 배네요."

"하하 자주 올리셔야 해요, 그리고 남의 글에도 호응해 주셔서 처음에는 친구를 늘리는 게 중요해요."

"그럼 ○○님이 올리는 사연이나 사진에 호응이 많다는 것은 그들이 보기에 ○○님이 좋아 보여서겠죠? 우울하고 힘든 일, 재미없는 일만 올리면 그들이 팔로워 할까요?"

"공개적인 데다가 개인사의 힘든 일들을 올릴 필요는 없죠. 불특정 다수가 있는 곳이기도 해서."

"그럼 이미 말씀을 하셨네요, 공개적인 SNS에서 힘들거나 잘 안 나가는 일을 올리는 사람이 얼마나 될까요? ○○님을 팔로워하는 그 친구들에게 ○○님은 본인보다 더 행복하고 더 잘나가는 사람처럼 보여지지 않았을까요?"

"그랬겠죠. 사진을 찍어도 허접한 것은 안 올리고 셀카를 찍어도 제일 잘 나온 것만 올리고 그런 거죠, SNS에서는."

"이미 답을 알고 계시면서 그들이 더 행복할 거라고 생각하세요? 물론 잘 나가는 사람들도 있겠지만 하루 종일 행복하거나 잘 나가진 않을 거예요. 기왕이면 가장 보이고 싶은 순간을 올리는 거겠죠."

"그렇긴 하겠죠. 저도 그러니까."

"그럼 ○○님에게 '좋아요'를 눌러주는 그들에게 ○○님의 마음이 계속 휘둘려도 된다고 생각하세요? 그게 진심으로 인정받는 거라고 생각이 드시나요?"

"아니요, 그래서 순간 기분이 좋아도 또 금방 의미가 없어지는 거겠죠."

"그렇다면 '좋아요, 안 좋아요' 버튼에 마음이 우울해질 필요가 있다고 생각하세요?"

"그런 건 아니죠. 이성적으로는 그러면 안 되는데 그게 참 그 순간에는 기분이 묘해져요."

"내가 남들에게 인정받는 것을 좋아하면서도 의미가 없다고 하셨 잖아요. 그렇다면 ○○님에게 진짜 의미가 있으려면 누구에게 인정 받고 싶으세요?"

"글쎄요, 나 자신?"

"나 자신에게 어떻게 인정받고 싶으세요?"

"넌 잘하고 있어, 넌 너무 괜찮은 사람이야. 뭐 이런 거?"

"그럼 현재 무슨 일이든 잘하고 있고 괜찮은 사람이 되어버린 자신 이라고 생각해보시고 그 일을 해낸 스스로에게 기특하다고 내일 하루 선물을 주고 싶다면 무엇을 가장 하고 싶으신가요?"

"음… 커피가 맛있는 집을 찾아서 혼자 여행을 떠나지 않을까요?"

"이미 좋아하는 게 뚜렷하게 있으신 것 같은데요. '하루 종일 잠 을 자겠어요. 무조건 쉴 거예요.' 하는 직장인들도 많을 거예요 아마."

"그런가요?"


결혼에 별로 뜻이 없다며 직장을 다니고 있는 그녀는 SNS에서 인 기인이었다. 사회적 동물인 인간을 더욱 사회적으로 만들고 유기적 으로 만들 것 같은 사회 관계망서비스인 SNS의 실상은 현실의 삶에 서 종종 유저들을 소외되게 만든다. '좋아요'에 대한 과도한 집착과 보여주기식 미화된 일상의 공개들은 진솔하고 따뜻한 알맹이가 빠진 표면적인 것들로만 채워지기도 한다.

3년을 만나서 사랑을 하던 연인들도 SNS로 이별통보를 읽고 충격을 받아서 허탈함으로 마음이 무너진다. 이미 마음이 떠나버린 상대는 차단을 통해 관계 끝도 선언해 버린다. 편리한 세상이다. 혜택이 너무 많이 주어진 만큼 공짜 없는 세상에서 거저는 없다. 돈벌이의 수단도 되고 사랑의 시작도 되고 관계의 끝도 깔끔하게 정리되는 SNS세상이다. 풍요로운 정보가 방대하게 떠다니기도 하지만 허세와 상대적 박탈감도 떠다니게 만든다.

내가 좋아하는 것들은 아날로그가 스며든 것들이다. 나를 알리려면 SNS로 홍보를 하고 노출을 많이 시키라는 데 아직은 내 능력상 벅차다. 코칭이 끊겨도 일단은 아날로그스럽게 커피숍 귀퉁이에 콕 박혀서 음악 들으며 멍 때리기.

# 엄마도 아프다

"엄마는 다른 엄마들하고 다른 것 같아요."

"뭐가?"

"그냥 뭐랄까. 항상 뭔가를 하려고 노력하고 있는 것 같고 밝아요. 그 나이에 막 이것저것 공부를 시작하는 모습이 대단해 보여요."

수강신청을 하거나 스터디를 만들거나 해서 어떻게든 매주 한 번씩은 서울로 올라가서 무엇인가를 듣거나 적거나 하곤 했다. 건대역 입구 쪽에 작은 방을 하나 얻은 아들은 거기서 혼자서 음악작업을 하며 홀로서기를 하고 있었다. 아무 소속도 없이 학원도 다니지 않으며 혼자서 노트북 한 대를 놓고 작곡도 하고 작사도 하며 음악을 만든다고 했다. 그러다가 가끔 홍대로 가서 공연을 보고 오는 게 다였다. 아이의 일상은 아르바이트와 음악작업이 다였다. 말벗이 필요한 아이는 내가 서울 오는 날을 항상 손꼽아 기다렸다. 우리는 주로 커피숍에 앉아 셀카를 찍고 키득거리거나 아들이 고민하는 주제를 가지고 이야기하기를 좋아했다.

'화를 잘 내지 않으려면 어떻게 해야 하나'부터 '아르바이트 하는 곳에서 마음에 들지 않거나 무 매너인 손님들에게 어떻게 하면 스트레스를 덜 받나'까지 주제는 다양했다.

완벽주의 성향이 강한 아들은 규칙과 공중도덕 매너 같은 것을 중시 여겼는데 그렇지 못한 손님들을 대할 때마다 욱하고 올라오는 마음을 다스리기가 힘들다고 했다. 어쩔 때는 주제 하나를 가지고 두세 시간씩 빠져들어 이야기할 때도 있었다. 일단 잔소리가 멈추어졌고 있는 그대로의 자신을 봐주는 엄마에게 아들은 점점 신뢰의 문을 열면서 친구문제에 대한 고민부터 일상의 고민까지 곧잘 터놓으며 이야기를 했다. 어쩔 때는 일주일 내내 아무도 안 만나고 음악작업하며 혼자서 시간을 보냈다고도 했다. 외롭지 않았냐고 물어보면 서슴없이 외롭고 우울하다고 했다. 그럼에도 사람 만나기가 귀찮아서 그냥 있었다고 했다. 사실 학교도 학원도 어떤 단체도 소속되어 있지 않은 아들은 만날 사람이 많지도 않았다. 스스로 선택한 외로운 길을 가면서 청춘에 고독함을 책임지고 있었다.

"엄마가 많이 밝아 보여?"

"네, 뭐든 열심히 해내는 게 대단해 보여요. 엄마는 아무런 스펙도 없이 라디오 생방송도 했었잖아요. 그것부터 해서 멈추지 않는 엄마가 대단해 보여요."

"엄마는 그냥 아무것도 안 하는 것보다는 이렇게 뭐라도 하는 게 더 편하고 좋아서 그래."

우연한 계기로 지방방송 라디오 게스트로 잠깐 나갔다가 피디 눈에 띄어서 고정 게스트 제의를 받았다. 그렇게 아무 겁 없이 시작해서 1년 7개월 동안 10분짜리 상담방송을 생방송으로 했다. 어쩌면 다른 사람들의 고민에 대해서도 진지하게 가져와서 생각하게 되는 가장 특별한 시간의 나날들이었다. 조금이라도 방송을 듣는 누군가에게는 도움이 될 수 있지 않을까 하며 매주마다 용기를 가지고 호흡을 고르며 부스 안에 들어갔다. 나에게는 특별하고도 소중한 시간들이었다. 아들은 주부로만 있던 내가 공부를 시작하자마자 방송을 하는게 신기했을 것이다. 컴맹에다가 독수리 타법인 내가 타자를 연습하고 어느덧 원고를 이메일로 보내고 나조차도 스스로에게 신기했다.

"엄마는 큰 고민이 없이 밝아 보여서 좋아요."
"엄마라고 왜 고민이 없어? 있어서 표시 낸다 한들 더 좋아질 게 없으면 그냥 표정이라도 밝은 거지."
수시로 감성이 물밀 듯이 쳐들어 와서 우울함이 엄습해 올 때마다 그것에 빠지지 않으려고 얼마나 치열하게 몸부림쳤는지 지난 시간들이 스쳐지나간다. 과거의 기억들이 새록새록거리고 주변의 상황들이 녹록치 않을 때마다 나보다 더 힘든 사람들이 많을 텐데 이 정도는 담대하게 지나치자며 스스로에게 항상 주문을 외웠다. 겉으로는 강한 척하지만 마음이 여린 탓에 수시로 상처받고 혼자서 울며 지낸 시간들이 얼마나 많았는지 아들이 알 수는 없을 것이다.

꼭 빚쟁이에게 쫓기거나 자살을 하려고 한강을 수십 번 들락거려야 아파본 삶은 아니다. 환경이 남다르게 불우해서 그 어려운 환경에서 꿋꿋하게 버텨내야만 강인한 삶도 아니다. 누군가는 전치 8주의 어퍼컷을 맞고도 훌훌 털어버리고 끄떡없는 사람이 있는 반면 뺨 한 대 맞고도 모멸감에 세상을 살고 싶지 않을 만큼 우울한 사람도 있다. 어퍼컷이 더 아픈데 뺨 한 대 가지고 뭘 그러느냐 하며 비난할 필요가 없다. 마음에 닿는 뺨 한 대의 통증이 그 사람에게는 전치 8주의 어퍼컷보다 더 아프고 더 고통스러웠을 수도 있는 것이다.

아픔의 통증은 멍하니 앉아서 있을 때도 그냥 불현듯이 온다. 갑자기 삶이 온통 무겁게 다가올 때 심장에 담이 온 것처럼 답답하고 저려지기도 한다. 세끼 밥도 안 굶고 빚도 안 지고 잘 살면서 배부른 소리한다고 말하는 사람은 삶의 무게를 물리적으로만 재본 사람이다. 배도 부르고 신용불량 안 된 카드가 지갑에 빼곡히 있어도 마음이 아픈 건 우선은 속수무책이다.

엄마도 요양원에 들어가시고 아들도 이제 학교에 출석일수가 모자라 졸업 못할 이유도 없는데 나는 나의 시간을 가지면서 수시로 아팠다. 그전에는 엄마 때문에 아프고 아들 때문에 아프고 남편 때문에 아프고를 둘러대며 명분을 찾았지만 난 알았다. 이젠 나 때문에 아프다. 정리되지 못한 감정들, 체기가 올라오는 것처럼 문득문득 끼어드는 과거의 기억들, 그 사이에서 용감하게 살지 못했던 회의들, 움츠렸던 상처들, 외면하고 싶은 관계들, 쿨 하지 못한 나는 마음에 그런 것들을 처분하지 못하고 방구석 한 귀퉁이에 쌓여 있는 어지러진 옷더미를 보는 기분으로 어디 한군데가 항상 묵직했다.

많이 슬픈 날엔 실컷 울고 나서 코를 푼다. 그리고 다시 화장을 고치고 해시시 웃으며 혼자서 뭘 하든 꼼지락거린다. 음악을 틀고 듬칫 듬칫 몸을 살랑거려 보기도 하고 가수인 양 열심히 따라해본다. 그러면 또 슬픔이 양지 바른 데서 말려지는 느낌이 들곤 했다. 표정이 우울하면 오려던 밝음이 달아난다고 들었다. 내 안으로 더 많은 밝음을 받아들이기 위해 표정관리를 하며 웃다 보니 어느덧 난 잘 웃는 사람이 되었다. 천성이 내성적이지만 세상을 바라보는 시각은 외향적으로 눈길을 돌리려 자주 마음을 운동시켰다. 아들은 활기찬 엄마가 힘이 된다고 했다. 혼자서 하는 음악작업이다 보니 막막한 고독 속에서 자신도 어찌할 수 없는 우울감이 밀려오는데 그때 엄마가 짠하고 나타나서 밥도 사주고 커피도 사주고 수다도 떨어주고 이야기 친구도 되어주어서 좋다고 했다. 물론 쌈짓돈 꺼내서 작은 용돈 쥐어주는 것도 엄마가 오면 좋은 이유 중 두 손가락 안에 들지 않을까 싶기도 했다. 적어도 내 웃는 표정의 꾸준한 노력은 아들에게는 좋은 효과를 나타나고 있는 것 같았다. 생각이 많아서 고민이 많은 아들에게는 그냥 같이 있어줄 때 밝은 이야기를 하며 아이가 생각하는 고민을 들어주고 내가 깨달은 경험들을 들려주곤 하는 것이 우선 엄마로서의 최선이었다.

아이를 찾아가던 날 아침, 서울 올라가려고 채비하는데 엄마한테 전화가 걸려왔다.

"엄마가 이상해."

"왜 엄마 어디 아프셔?"

"아니 몸은 괜찮은데 머리가 이상한 듯해 기억들이 잘 안나. 엄마 병원 좀 가봐야 할 것 같아."

"엄마, 엄마가 계신 곳이 머리가 아파서 쉬고 계신 곳이야. 걱정하지 마셔. 가만히 한숨 자고 나면 괜찮아질 거야."

"나 여기에 왜 이렇게 오래 있는 거니? 엄마 좀 집에 데려다주면 안 돼?"

다시 녹음기 같은 반복적인 대화가 시작되었다. 버스로 오는 내내 13통의 부재전화가 와 있었다. 두 시간 동안 전화를 안 받았으니 마음이 불안해져서 또 받았다.

"엄마 좀 집에 데려다줘. 여기 답답해."

"엄마, 내가 전화 안 받으면 무슨 일을 하느라 안 받나 보다 하며 계속 전화하지 말라고 했잖아. 엄마가 전화한 거 보고 일 끝나면 항상 전화하잖아요. 그니까 전화 좀 제발 그만하셔!"

"응, 미안해. 그런데 너 전화 안 받으면 엄마가 궁금해서 그러지. 그런데 엄마 언제 집에 가? 빨리 집에 가고 싶어."

"아, 엄마 이제 좀 그만 하셔!"

반포 터미널 화장실 입구의 한 중앙에서 오줌보가 터질 것 같은 무거움을 미룬 채 통화하다가 결국 마지막에는 짜증을 내고 말았다. 기가 죽어 소리가 점점 들어가는 엄마의 목소리를 뒤로 하고 전화를 끊자마자 절로 한숨이 나왔다. 지하철 7호선이 건대입구에 내려줄 때까지 마음이 내내 씁쓸했다. 엄마와 통화를 하고 나면 이젠 익숙해질 법도 하건만 여전히 수시로 어두워지고 나도 어쩌지 못하는 묘한 죄책감으로 콩팥 어느 한구석이 콕콕 찌르는 듯이 아렸다. 그리고 아이를 만나기 전에 거울을 보고 표정을 다시 리셋시킨다.


아들이 묻는다.

"엄마 보면 요즘 너무 잘 나가는 것 같아요. 마치 커리어 우먼 같고 성공한 여자 같기도 하고. 엄마는 돈은 거의 못 벌면서 포스는 엄청 전문직 같은 느낌이 들어요."

"넌 요즘 어떤데?"

"난 요즘 우울하고 괜히 마음이 아프고 그러죠. 미래가 이젠 살짝 두렵기도 하고 고민이 더 많아지고 있어요."

"생각이 너무 많으면 그래져, 생각을 많이 하다가 보면 뇌가 피곤하고 귀찮아져서 긍정적인 것보다 부정적인 것들을 더 많이 물어다 주거든. 내가 생각은 정말 많이 해봐서 이것은 자신 있게 말할 수 있는데 내가 하는 생각이나 걱정의 80프로 이상이 다 쓸데없는 것들이야, 책에서만 읽은 게 아니라 엄마의 생생한 라이브 정보통이다. 다 두려움에서 시작한 것일 뿐이야."

"엄마도 할머니 때문에 마음 많이 아프죠?"

"그럼, 엄마도 열라 아파."


생각이 많다는 것은 두려움에서 기인한 것이라고 아들에게 떠들면서도 생각에 사로잡혀 앞으로 나아가지 못하는 나를 종종 발견한다. 경험했고 터득한 느낌이면서도 어리석다. 아직 어린 아들에게 생각을 내려놓아라 같은 교과서적인 충고는 의미가 없다는 것을 안다. 그럼에도 엄마라는 입장은 곧잘 입바른 소리를 해댄다. 내가 웃으면 아들이 그냥 같이 따라 웃을 때가 있다. 그걸로도 난 꽤 괜찮은 기분이 든다.

적어도 '웃으면 복이 와요'란 명언을 난 자주 따르기로 했다.

# 엄마의 엄마도 아프다

"새우젓은 육젓이 최고여. 비싸도 이게 낫지. 어중 뗜 거보다는 이게 확실햐."

젓갈 파는 할머니는 육젓을 플라스틱 통에 야무지게 덜어서 꾹꾹 눌러 담았다.

"김치도 계란찜도 국물 간도 이걸로 맛내면 만사 오케이야. 김치 담을 껴?"

넉살도 좋아 보이는 할머니는 처음 보는데도 구수한 반말로 마치 오래된 단골 대하듯이 친근하게 굴었다.

"무칠 거예요. 엄마가 새우젓 무침을 좋아하셔서."

"착한 딸이네. 우리 집 딸내미들은 지 애미가 젓갈장사를 해도 엄마가 무슨 젓갈을 좋아하는지 싫어하는지 알지도 못해. 낼름낼름 젓갈 좋은 거 나오면 받아갈 줄만 알았지."

"어르신이 건강하시니까 그렇게 아직도 '엄마 엄마' 하며 받아가는 거예요. 어르신 복이에요."

"그런 겨?"

호탕해 보이시는 할머니는 껄껄거리며 덤으로 새우젓 오젓도 더 비닐에 담아주셨다.

엄마 또래는 되어보이시는데도 허리도 꼿꼿하고 건강해 보이셨다. 정신이 말짱하게 저렇게 셈을 하고 장사를 할 수 있다는 것만으로도 부러운 생각이 들었다. '저 집 딸내미들은 좋겠다'라는 생각조차 들었다.

가지고 있을 때는 몰랐다. 평범하게 전화를 하고 안부를 물을 수 있는 엄마가 있다는 것만으로도 얼마나 감사한 일인지 잃어봐야 알게 되었다. 엄마와 지난 이야기를 주고받고도 싶었고 남의 집 일에 오지랖을 펼치는 엄마에게 쓸데없는 걱정이라고 핀잔을 주는 딸의 잔소리도 하고 싶었다. 예전에는 아무렇지도 않았던 일상의 모습들이 이젠 더 이상 실현 불가능한 일이 되어버렸다. 엄마가 살았던 작은 빌라에 커다란 쓰레기봉투 몇 장을 챙겨가지고 들어갔다.

1년 8개월째 빈집에 덩그러니 놓여있던 엄마의 손때 묻은 살림도구들을 정리하다가 장롱 한구석에 고이 간직해 있던 앨범이 눈에 띄었다. 첫 장을 넘기자마자부터 눈물이 쏟아져 내렸다. 젊은 엄마와 같이 손잡고 찍은 사진이 여기저기 빼곡하게 붙여져 있었다. 어떤 사진 밑에는 '아주 소중한 사진'이라고 볼펜으로 꾹꾹 눌러 쓰인 사진도 있었다. 어린 내가 작은 북을 들고 사진기를 보며 멍하니 쳐다보고 있는 모습이었다. 엄마에게는 그 모습을 담은 그 순간이 아주 소중하게 느껴지는 시간이었나 보다.

앨범을 넘길수록 눈물이 그렁그렁 멈추질 않았다. 대외 활동 좋아하던 엄마가 여기저기 여행 다니거나 봉사활동 하면서 찍은 사진들 속에서 엄마는 너무나 환하게 웃고 있었다.

아빠와 같이 찍은 사진 속에서 엄마는 그냥 여자였다. 아빠를 바라보며 해시시하게 웃는 모습은 한 남자에게 사랑받고 싶어 했던 온전한 여자의 모습이었다. 어른이 된 나는 그 시절 어른이었던 엄마의 마음을 이제야 이해하기도 하고 아직 원망하기도 하지만 전반적으로 깔려 있는 엄마를 향한 마음은 어느덧 그리움이었다. 앨범을 들추다가 엄마가 동네 사람들과 옹기종기 모여서 김장을 담그다 누군가에게 김치를 먹여주며 함빡 웃음을 짓는 사진을 보았다. 사람들 틈에서 엄마는 더없이 즐거워 보였다. 그렇게 사람을 좋아하던 엄마가 격리되어 있는 것이다. 수시로 전화를 하며 내보내달라고 하는 엄마는 같이 떠들던 사람들이 그립고 그리웠던 것이다.

경로당을 더 이상 가지 않으려고 했던 그때, 엄마는 무기력한 증세를 보이며 계속 누워만 있었다. 요양 보호사가 집으로 오던 그때는 그래도 엄마는 사람들과 소통도 하고 어르신들과 고스톱도 치며 가끔 나들이를 하곤 했다. 경로당을 항상 궁금해 하던 엄마는 더 이상 아무 데도 출입하지 않고 누워만 계셨다.

"엄마, 내가 경로당 같이 가줄 테니까 누워만 계시지 말고 외출할까?"

"안 가 이제."

"왜 안 가셔? 정순이 아줌마가 기다리신다며."

"글쎄 말이다. 말도 안 되는 소리를 하더라, 그 여편네들이."

"무슨 소리를 들었는데."

"내가 글쎄 베개를 들고 가서 애기 젖 좀 달라고 했대. 내 젖이 안 나온다고 젖동냥을 했단다. 기가 막혀서. 노인네들마다 날 이상하게 보면서 자꾸 피하는 것 같기도 하고 엄마가 속상해서 팔딱 뛰겠다. 나 머리가 돌은 거 아니니, 그런 기억이 없는데 그랬다고 하니 미치고 환장하것지."

작년까지만 해도 경로당 총무일을 맡아가며 살림살이를 하던 똘똘한 사람이 베개를 안고 와서 자꾸 헛소리를 하니 모두들 경악했을 것이다. 심지어는 같은 동네 사는 외삼촌네 집에 새벽 3시에 베개를 안고 가서 문 좀 열어달라고 해서 모두를 놀래켰다고 했다. 밤만 되면 증세가 더 심해져서 조용히 주무시지를 못했다. 민원이 들어왔고 이제 시설을 알아봐야 한다고 생각이 들었을 무렵 엄마는 심장이 계속 두근거린다고 답답함을 호소했다. 갑자기 밤만 되면 심장 발작 증세가 심해져 응급실을 가기도 여러 번, 검사를 해도 어떤 이상소견도 나오지 않았다. 이젠 심야에 응급실을 가면 또 오셨냐는 듯한 의료진의 심드렁한 반응에 나조차도 어찌 할 수 없는 한숨이 나왔다.

"너 고생 안 시키려면 얼른 죽어야 하는데."

엄마의 반복적인 말은 엄마의 심장이 마구 두근거려질 때 다시 쏙 들어갔다.

"엄마 이상해, 심장이 마구 떨려. 죽을 것 같아."

정말 엄마는 그때 얼굴이 하얗게 질려 가며 두려움에 떨고 있는 어린아이 같았다.

"엄마, 병원 좀 데려가줘. 엄마 이러다 죽을 것 같아."

엄마는 공포에 질려서 이렇게 준비 없이 이 세상을 뜰까 봐 겁먹은 눈초리로 항상 애원하셨다. 가면 또 뻔한 형식적인 검사와 별 반응 없는 의료진과 진정된 엄마를 모시고 새벽에 나와야 하는 상황이 또렷하게 그려졌지만 엄마의 두려움은 항상 새로 직면하는 낯선 통증처럼 사시나무 떨 듯이 힘들어하고 있었다.

"엄마, 엄마 심장 아무 이상 없으시대. 큰 병원 가서 별의 별 검사 다 해봤는데 너무 정상이래. 엄마 마음이 이상해서 심장도 아픈 거처럼 느껴지는 거야. 심호흡 좀 하고 엄마 진정해보자."

소용없었다. 엄마는 겁먹은 아이처럼 떨면서 무서워하고 있었다. 병원이 눈앞에 보여야 그제야 진정의 기미가 보이곤 했다. 엄마는 살고 싶었던 것이다. 정신이 온전치 못해 간다는 것을 알고부터 우울증과 무기력증이 동반되어서 말로는 수백 번도 삶의 끈을 놓고 싶다 하셨지만 마음 깊은 곳에서부터는 당신의 모습을 받아들일 수 없어서 괴로웠던 것이다.

이대로 삶을 끝내는 것이 두렵기만 했던 엄마는 무서워도 무섭다는 말을 못하고 딸을 보자니 면목 없고 미안하고 안쓰러웠을 테고 사람들 보자니 창피하고 숨고 싶고 모든 감정이 깜깜하게 뒤섞여서 엄마의 심장을 괴롭히기로 했던 것일지도 모른다.

엄마의 장롱에서 꺼낸 앨범을 하나 들고 요양원에 갔다. 날씨가 더운데도 엄마는 긴팔 옷에 도톰한 가디건까지 걸치고 누워계셨다.

"엄마, 엄마 좋아하시는 새우젓 무쳐왔어. 아유, 그런데 나오셔서 소파에 앉아 티브이도 좀 보고 자꾸 움직이셔야지 왜 매번 누워만 계셔."

다리도 멀쩡하시고 허리도 멀쩡하신 엄마는 요양원 안에서 몸을 자유자재로 쓸 수 있는 몇 안 되는 어른들 중의 하나였다. 처음에 요양원에 모실 때는 사교성 좋은 엄마가 여기저기 다니면서 할머니들과 말벗도 되고 원 안에 있는 요양사들과도 살갑게 지낼 줄 알았다. 들어가신 지 얼마 안 된 날 엄마는 밤새 온방을 떠돌며 짐 보따리를 챙겨들고 집에 가야 한다고 떼를 썼다고 했다. 잠 한숨 못 잤다는 요양사들에게 떡을 돌리고 들어가니 엄마는 아기처럼 웅크리고 자고 있었다.

핸드폰으로 엄마의 영상을 찍은 것을 지난밤 당번이었던 요양사가 보여주었다. 자꾸 애기 젖을 물려야 한다며 배개를 들고 다니기도 했다고 했다. 젖이 안 나왔던 엄마는 나에게 젖을 못 물리고 염소젖이나 소젖으로 키운 게 항상 마음에 걸린다고 했다. 엄마는 배개가 마치 갓난쟁이인 딸이라도 되는 양 간밤에 여기저기 젖을 동냥하러 다니고 있었던 것일까.

잠들어 있는 엄마를 만지니 파르르 떨기도 했다. 꿈속에서조차 편히 못 쉬고 있나 싶어서 마음이 저려왔다. 요양원을 벗어나고 싶었던 엄마는 점점 적응 잘하는 착한 어른이 되어 빨리 나아서 거기를 나오고 싶어 하는 열망을 가지고 있었다.

　며칠 밤의 베개 사건 이후 엄마는 순한 양처럼 말 잘 듣고 밥 잘
먹고 양치도 하루에 다섯 번씩이나 하며 치아관리도 게을리 하지 않
았다. 부지런쟁이 엄마는 양치하면서 혀도 꼬박꼬박 닦았다. 심지어
는 연고가 필요할 정도로 혓바닥이 헐기까지 할 만큼 닦아서 양치를
하루 세 번 이상 못하게 감시까지 부탁했다. 갈 때마다 사가지고 가
는 베지밀이나 빵이나 간식들은 삼사 일을 못 갔다. 여기저기 다 돌
리느라 어쩔 때는 하루만에도 동이 났다. 요양사 한 분이 어르신은
안 잡숫고 다 퍼주니 아예 사오시지 말라고 당부를 하기도 했다. 두
달 치 홍삼엑기스까지 일주일 만에 동이 난 걸 보고는 엄마에게 한
소리 했다.
　"엄마, 이건 보약이야. 이런 건 나누어 먹는 게 아니예요. 이거 비
싼 거야. 간식 같은 게 아니고 약이라고. 자꾸 이러시면 이제 몸에 좋
은 거 못 사와."
　"에효, 어떻게 혼자만 먹니. 입이 몇 개인데, 사람이 그게 되니."
　아무리 말을 해도 소용없었다. 결국 건강식품들은 요양사에게 맡
기고 하루에 한 개씩만 주라고 부탁하기까지 했다. 착한 치매를 앓고
있는 엄마는 소리도 치지 않고 누구를 귀찮게도 안 하고 혼자서 세수
도 잘하고 용변도 잘보고 주변정리까지 깔끔히 하는 얌전하고 잠만
자기 좋아하는 할머니였다.
　침상에 누워 있던 엄마는 로비에 있는 소파에 좀 나가서 TV

좀 보라는 나의 잔소리에 부스스 일어나며 내 손을 꼭 잡았다. 앨범을 펴들고 엄마 옆에서 한 장 한 장 넘기며 기억을 더듬게 해보았다.

"엄마 기억나?"

앵무새처럼 같은 질문을 반복하며 어린 시절의 나와 함께 했던 추억의 사진들을 꼼꼼히 짚어주었다. 엄마의 마른 손이 사진을 더듬거리며 훑고 있었다. 힘이 없어서 손가락 마디마디가 떨리고 있는 엄마는 초점을 알 수 없는 눈으로 사진을 쓰다듬고 있었다.

손을 너무 떨어서 그 위에 내 손을 올려놓아 보았다. 시든 목련꽃 같은 여윈 손가락이 내 손 아래서 울고 있는 것 같았다. 엄마의 눈은 촉촉하게 젖어 오르고 있었다. 기억이 나는지 안 나는지 왜 우는지 알 수는 없었다. 그냥 슬프다고만 했다. 다섯 살배기 아이가 말하는 것처럼 웅얼거렸다. 기억이 나냐는 내 질문에는 아무 말도 못하시다가 앨범을 갑자기 덮고 다시 아기처럼 누워서 소리 없이 울고 있었다. 속으로 삭혀지는 것 같은 눈물이 애처로워 보여서 앨범을 도로 가방에 넣었다.

엄마는 다시 그렇게 새끈새끈 아기처럼 잠이 들었다.

아기로 세상에 태어나서 아기로 다시 되돌아가는 삶의 막바지 풍경을 보는 듯했다. 잠든 엄마는 따뜻하다. 그 체온이 갑자기 고마워졌다. 그냥 그것만으로도 안도감과 감사한 기분이 들었다.

5장

엄마에게도 혼자만의
시간이 필요하다

# 괜한 걱정과 근심

다시 수능원서 쓰는 계절이 왔다. 수시원서를 접수하느라 분주한 입시생의 엄마들이 마음을 졸이는 시절이다. 드문드문 아이의 대학 안부를 물어보며 걱정해 주는 사람들이 종종 문자를 보내오거나 '기운 내'라는 이모티를 보내주기도 한다. 와중에는 진심으로 아이의 재능을 아까워하며 수시원서 내는 접수기간과 수능원서 접수 기간을 꼼꼼히 체크해서 이번에는 꼭 시험을 보라고 안타까워하는 고마운 분도 있었다.

"시험만이라도 보게 해요. 똑똑해서 시험만 봐도 합격할지도 몰라. ○○대학은 논술 전형으로 충분히 갈 수 있을지도 몰라요. 글을 좀 잘 써. 아까우니 무조건 원서 넣어보라 하세요."

아이 친구 엄마는 항상 우리 아이를 챙겨주고 재능을 아까워하며 나보다 더 안타까워하는 듯 보였다. 진심이 느껴지니 감사한 마음이 들기도 하지만 아들을 바라보며 현실을 직시하는 엄마는 대학은 이제 큰 의미가 없었다. 그냥 아이의 선택에 맡길 것이고 지켜봐 주기로만 했다.

바람에 휘날리는 수분 빠진 낙엽처럼 사람들의 시선에 휘날리곤 했던 때가 있었다. 공부를 접은 외아들, 치매 걸린 엄마, 입양했다가 파양까지 한 파란만장한 스토리의 남동생, 완벽주의 냉철한 남편. 몹시 감성적이다 못해 바람에 이는 가지에도 종종 슬픈 어느 아낙은 혼자서 감당할 삶의 무게가 무겁다고 느끼다가도 나보다 더한 사람들이 얼마나 많은데 이 따위의 일에 배부른 생각을 한다고 스스로를 질책하며 마음을 다잡곤 했다. 슬플 때 슬픔을 표현하지 못하면 슬픔이 굳어져 알갱이가 되어버리는 것 같다는 느낌이 들었다. 어느 순간 내 몸 안을 돌아다니는 알갱이들의 마찰로 달그락거리는 소리가 들리면 난 무조건 버스를 타곤 한다.

705번 버스를 타고 종점까지 다녀오기도 하고 스터디나 강의가 없는 날인데도 서울 가는 버스를 타고 터미널에 내려서 만둣국을 한 그릇 먹고 오기도 한다.

그렇게 버스차창에 앉아 음악을 들으며 아무 생각 없이 기대고 있는 시간이 나에게는 마음이 쉬어가는 시간이다. 버스로 돌고 돌아 내가 사는 동네로 왔을 때에야 적당히 노곤해진 몸이 쓸쓸한 방황을 느슨하게 만들어준다. 그러고 나면 '내가 있는 이 자리가 그래도 참 감사하지 아니한가' 하는 생각으로 다시 이불을 돌돌 말아 부드러운 솜 뭉치에 기대서 하루를 마무리한다.


내 눈앞을 스쳐가는 것들이 무심하게 보여지지 않아서 마음으로 오만 가지 오지랖을 떨었던 때가 있었다. 날이 추우면 추운대로 '거리의 노숙자들 추워서 어떻게 이 밤을 버티나' 날이 더우면 더운 대로 '다닥다닥 쪽방촌들 바람도 안 통하고 선풍기 하나로 어쩌나' 생각은 항상 인류애가 넘친다. 노숙자들에게 외투를 벗어주지도 않고 쪽방촌에 선풍기 한 대를 기증하는 것도 아니면서 마음으로는 온갖 수선스러운 걱정을 다 한다. 나의 걱정이 그들에게 아무런 실질적인 혜택을 주지 않는 것을 알면서도 더우면 나도 모르게 손부채 부치듯이 자연스럽게 걱정이 팔랑거리기도 했다.

서울에 있는 선배언니와 커피를 마시고 있었다.

"에효, 이렇게 큰 매장에 손님이 없어서 어쩌나. 걱정스럽다."

"너, 내가 항상 느끼는 건데 네가 서울에 손님 없는 매장은 다 걱정해주고 있는 거 알아?"

"하하, 내가 그랬어?"

"응, 누가 들으면 네가 여기 세 밀려서 못 받고 있는 건물주인 줄 알겠어."

"건물주라, 말만 들어도 설레는걸."

"암튼 대전 거지가 서울 부자들 걱정은 다해주고 있어. 이런 곳에 매장할 정도면 너보다 부자니까 걱정 좀 붙들어 매셔."

선배언니 말에 깔깔거리며 웃었다. 속사연도 모르는 남을 염려하는 나의 걱정 스펙트럼은 어쩌면 나를 위로하는 하나의 수단은 아닐는지 생각해 보았다.

'이 매장이 만약에 빚으로 시작한 거라면 이집 주인장은 근심이 많겠구나' 생각하며 세상에는 내용만 다르지 다들 속앓이 한두 개씩은 다 가지고 있을 법하니 비슷한 동질감 같은 것을 찾으려 했었는지도 모른다.

나를 잘 아는 사람들은 종종 나를 걱정한다. 치매엄마가 의존하는 유일한 외동딸인데다가 똘똘하던 아들이 대학도 안 가고 배고픈 세계로 들어섰다고 걱정을 한 바가지씩 해주는 친절한 지인들도 있다. 지인보다 친척들이 어쩌면 더할지도 모른다. 정작 나는 아들과 친해져서 고등학교 때보다는 훨씬 더 매끈한 꽃길을 가고 있는데도 주변에서의 시선은 조심스러움과 더불어 걱정을 하는 말투가 자주 들린다. 나보다 나를 더 염려해주는 사람들이 있다는 것은 위로가 되기보다는 별 생각 없이 잠자던 걱정을 부추기기도 한다. 내가 괜찮다 하면 그냥 괜찮은가 보다 하며 믿어주려는 사람도 있지만 괜찮지 않음을 확인하려는 사람들이 보일 때가 있다. 그런 걱정은 위로라기보다는 불편함으로 다가온다.

아들이 마음 편하게 자고 있던 고등학교 시절, 정작 당사자는 별걱정 없이 있는데 내 걱정은 멈출 날이 없었다. 아이의 얼굴만 봐도 걱정스럽고 행동반경만 봐도 걱정스럽고 지켜보는 엄마는 걱정으로 마음을 졸이고 졸여진 마음만큼 표현했다.
"엄마, 엄마는 왜 내가 하지도 않는 내 걱정을 그렇게 앞서가서 하고 있는 거예요. 난 그게 기분 나쁘고 숨 막혀요."

"네가 현재 하고 있는 상황을 봐라. 학생이 이러고 있는데 내가 걱정이 안 되면 엄마가 아니지."

"내가 괜찮다는데 엄마가 내 마음도 모르고 그런 걱정스런 말투를 매일 하면 난 집에 와 있어도 편하지가 않아요. 내 마음속에 들어와 본 것도 아니면서 어떻게 나보다 날 더 걱정을 하죠. 엄마는 엄마 걱정만 하세요. 내 걱정은 내가 해도 충분하니까."

그 당시에는 아이의 그런 말투에 화가 나서 많이 다투었다. 밥상머리 교육을 잘못시킨 것인가부터 해서 가능한 한 아이의 미래를 부정적으로 예측하여 정작 당사자보다 더 안달복달했다. 그랬던 아들이 이제 이해가 되었다. 닥쳐오지도 않은 내일에 대한 걱정으로 오늘의 나를 닦달했던 자신을 돌아보게 되는 계기는 나와 같은 행동을 하는 다른 이들에게서 나를 보았기 때문이다. 그 시절 아들의 눈에 비친 내 걱정은 관심과 배려가 아닌 '그러고 잘 되나 보자'를 추측하는 압박이자 정신적 질타로 보였을 것이다.


관심이 지나치면 사랑이 아닌 구속으로 가버리곤 한다. 지나친 관심은 무관심만큼 상대를 외롭게 한다. 같은 공간에 있어도 다른 세상을 사는 사람들처럼 소통이 안 되는 관심은 일방적인 협박 같은 기분이 들게도 할 수 있음을 알아가게 되었다.

열정이란 실현 가능한 일에 정과 성을 다해 열중하는 것이라고 들었다. 거기에다가 뜨거운 가슴을 가지고 도전하는 기운 '패기'를 합쳐서 열정과 패기가 합쳐지면 못할 것이 없다고들 말한다. 그러나 이

것이 지나치면 독선이 될 수도 있음을 안다. 열정이 지나치면 사기가
되어 버린다는 것은 실현 불가능한 열정을 위해 위장된 고집으로 사
기와 기만을 할 수밖에 없다는 뜻이기도 할 것이다. 관심이 지나치면
때로는 나의 열정을 상대의 열정인 양 위장해서 강요하고 주입하려
하기도 한다. 나의 관심에 대한 대가를 받기 위해 걱정이라는 명분으
로 상대를 압박하기도 했던 것이다.

노트북을 열면 바탕화면에 멋진 풍경들이 바뀌어가며 펼쳐진다.
로그인을 하기 전에 잠시 동안만이라도 눈이 쉬어가는 기분이 들어
한동안 쳐다보곤 한다. 오늘은 펭귄 여러 마리가 서 있다. 귀여운 아
이들을 보니 미소가 절로 지어졌다. 세상의 때가 묻지 않은 듯한 귀
엽성을 가지고 매끈한 곡선의 유선형 몸매에 짧은 다리로 뒤뚱뒤뚱
걷는 모습을 보면 세상의 어떤 치열한 고민도 없이 느긋하게 살아가
는 것처럼 보이기도 한다. 남극의 야생을 대표하는 이 귀여운 동물은
사람들에게 사랑받고 있다. 어떤 혐오감도 없이 대중적인 관심을 받
는 무난한 동물들 중의 하나이기도 하다.
　그런데 사람이 펭귄을 좋아하고 관심 가지는 만큼 펭귄도 좋아할
까. 연구자들이 인간의 접근에 대한 펭귄의 반응을 알아보기 위해 실
험을 한 결과에 대한 기사를 본 적이 있다. 인간이 관심을 가지고 둥
지에 접근을 하면 위협적인 갈매기가 지나가는 것보다 펭귄의 심장
박동이 더 거세게 뛰며 스트레스 호르몬이 검출된다는 사실을 알아
냈다고 한다. 인간이 관심이 가서 다가가는 것임에도 펭귄의 날개가

미세하게 떨리며 심장박동수가 거세지고 있음을 인간은 펭귄의 느긋한 모습만으로는 전혀 눈치채지 못했으리라.

"좋아하고 관심이 가서 다가섰어요."

"갈매기가 지나가서 둥지가 걱정이 되어서 다가섰어요"라고 말한들 펭귄의 속사정은 모른 채 내 관심에만 집중해서 펭귄의 걱정은 정작 알지 못한다.

나 또한 누군가를 펭귄으로 대하고 누군가도 나를 펭귄으로 대하는 쓸데없는 관심과 걱정들 속에서 불필요한 에너지를 낭비하고 있지는 않은지.

노트북 화면을 켜자마자 시선이 고정되었다. 펭귄의 근심 없어 보이는 듯한 오동통한 자태에 한동안 시선을 거두지 못했다.

# '척'이라는
# 가면을 벗고

"나도 카멜레온처럼 변신하고 싶어."

"왜?"

"이렇게 쪽 팔릴 때는 그냥 내가 지금 기대고 있는 벽색이고 싶다. 아무 눈에도 안 띄게."

"무슨 일이 있었어?"

"아는 척을 했어, 모르면서. 그러다 들켰어. 얼굴이 절로 빨개져서 나왔다."

"무슨 일인데 그래?"

아이보리빛과 황토색이 적절히 섞여서 감도는 대리석 느낌의 벽에 기대어 뒤통수를 몇 번 딱딱한 곳에 콩콩거렸다. 늦게 도착했는데 내가 없다고 전화 온 친구에게 사연은 있다가 이야기한다며 끊고 헛웃음이 나왔다.

'클다사' 모임이라고 했다.

"클다사가 뭐야?"

"클래스가 다른 사람들이란 뜻이야. 사람들 진짜 수준 있어. 너도 사회생활 시작해보려면 이런 모임 저런 모임 나가면서 사람들과 교류하며 이제 널 알려야 해. 백 날 천 날 혼자 앉아서 생각만 하면 아무런 진전이 없어."

듣고 보니 맞는 말이기도 했다. 정말 클래스가 다른 사람들인지 모임의 이름이 주는 이질감과 호기심도 한몫했다. 친구의 조언을 따라간 곳은 조용하고 차분한 모임이었다. 서로 각자의 하는 일을 소개하며 명암을 돌리기도 하고 공통의 관심사를 하나 만들어서 그날그날 주제를 가지고 자유롭게 자신의 의견을 이야기하기도 하는 자기계발의 성향이 강한 비즈니스적인 모임 같았다. 나 같은 사회 초짜한테는 신선한 느낌으로 와 닿았다. 각자의 이야기들을 듣노라니 참 부지런하게 살아가고 있구나라는 생각이 들었다. 내가 조금씩 조금씩 나아간다고 걸어가는 행보는 그들의 열정에 비해서는 나무늘보처럼 늘어져 보였다. 적당한 초라함과 반성감이 엄습하는데 이것이 마음을 두드리는 적극성에 대한 자극 같기도 하고 문 앞을 나가면 또 잊혀지는 어느 현장의 스치는 열기 같기도 했다. 시골여자가 막 도시로 나와서 지하철을 타고 손잡이를 잡을까 말까 하며 두리번거리는 느낌이랄까. 도시 사람들은 지하철 안에서 아무것도 잡지 않고도 저렇게 여유롭게 핸드폰을 보고 있는데 손잡이를 안 잡고도 저런 평온한 자세를 유지할 수 있을까 없을까 망설이는 지하철 처음 타보는 사람의 기분 같은 것이었는지도 모르겠다. 생각은 생각대로 바쁘면서 손이 안절부절못하는 것 같았다.

브레이크 타임이 주어졌고 커피를 마시면서 한숨 돌리는데 음악이 흘러 나왔다. 스피커를 통해 나오는 고운 목소리가 지하철 손잡이 아래서 주춤거리는 손을 부드럽게 만져주는 것 같았다.

〈울게 하소서〉 헨델이 만든 오페라의 소프라노 아리아였다. 들어봄직한 멜로디가 나오니 마음이 편안해졌다.

"이 음악 정말 좋죠? 내가 좋아하는 가수예요."

비슷한 또래인 것 같은 여자분이 밝게 웃으며 말을 먼저 건네주었다. 어색하고 낯선 환경이었는데 먼저 손 내밀어준 것 같아서 고마웠다.

"네, 목소리 정말 고와요. 저도 좋아하는 사람예요."

노래는 종종 들어봐서 알지만 이 노래를 부른 가수가 어디 한두 명이랴. 사실 가수가 누군지 전혀 감조차 못 잡고 있었다. 오페라나 클래식에 조예가 깊지 않아서 귀동냥으로 들어는 봤어도 구체적으로 파고 들어가면 아는 게 거의 없을 만큼 나의 상식은 겸손했다. 그런데 난 왜 그 순간 아는 척을 했을까. 나도 모르게 튀어나왔으니 다시 주워 담을 수도 없었고 그냥 이렇게 지나가기를 바랐다.

"어머, 저하고 음악 취향이 같으시구나, 반가워요. 좋아하는 가수가 같다는 것만으로도 이런 장소에서는 반갑네요."

이렇게 말해주니 멋쩍어지기 시작했다. 상냥하고 친절해 보이는 그녀는 말을 멈추고 싶지 않은 모양이었다.

"저 가수 내한 공연할 때 전 기대하고 있다가 봤거든요. 정말 목소리가 예술이더라구요."

내한 공연을 직접 가서 본 정도면 조예가 깊은 팬이 틀림없구나 싶었다.

"그러셨어요? 전 못 봤는데 부러운 현장에 계셨네요."

법학을 전공했다는 그녀는 법학과는 전혀 다른 세계인 영어교육 사업을 한다고 했다. 외국에 오래 있다 보니 영어는 절로 되어서 좀 더 쉽게 영어로 사람들과 소통하는 방법을 터득해서 그것을 대중들과 나누고 싶어서 강연무대에 섰다고 말했다. 사법고시 패스 후 자신의 꿈이 더 소중해서 가슴 뛰고 즐거운 일을 찾아 모든 것을 접고 외국으로 훌쩍 떠나 오랫동안 여행을 다녔다고 했다. 자신감과 여유로움이 넘치는 미소로 정말 클래스가 다른 것 같은 과거사를 조근 조근 들려주었다. 전공도 딱히 말할 것도 없고 이력도 딱히 내세울 게 없는 나는 조용히 듣고 있었다. 들어가려 했던 대학은 간당간당했으나 턱걸이로 떨어지고 원치 않는 대학 원치 않는 과를 가서 출석미달로 걸핏하면 계절학기나 듣고 의미 없는 졸업장만 겨우 받은 이야기며 전업주부로 아이를 당당히 키우고 외식은 절레절레 하는 남편에게 집밥은 거르지 않게 해서 멕이다가 이제야 사회에 나왔다고 왜 '〈파리의 연인〉 박신양'처럼 말을 못해!

그렇게 속으로만 꽁알대다가 미소를 짓고 고개만 끄덕이고 있었다. 휴식시간이 연장되는 사정으로 인해 그녀는 내 곁에서 좀 더 오래 머물며 이런저런 이야기를 들려주었다. 나에게서 풍겨나는 초짜의 향기를 보고 배려의 차원인지 호감의 차원인지는 몰라도 처음 가는 그 자리가 어색하지 않게 옆에서 챙겨주며 자기 이야기를 들려주는 그녀가 고맙기까지 했다.

음악이 그쳤다.

"이제 음악이 잠잠해졌으니 휴식시간이 끝나려나 본데요"

"그러게요. 저 가수 내한 공연할 때 혹시 같이 볼 수 있으면 또 기회를 만들어봐요. 실제로 보니까 더 놀라워요."

"네. 같은 여자지만 참 부러운 목소리예요. 고음이 어쩌면 저렇게 부드럽고 예쁠까요."

"네? 저 가수 여자 아닌데… 남자예요. 필립 자루스키잖아요."

순간 얼굴이 빨개지다 못해서 마음까지도 빨개져 올랐다. 누가 저 목소리를 남자로 알겠느냐 말이다.

검색을 해보았다. 프랑스의 카운터테너 가수, 여자보다 더 고운 목소리의 가수.

내가 빨개진 것을 보고 그녀도 머쓱해져서 웃으며 제자리로 돌아갔다. 쥐구멍이라도 있으면 숨고 싶은 심정이 바로 이런 거구나를 경험했다. 필립 자루스키 때문에 꿔다 놓은 보릿자루, 쪼그라든 포대자루 같은 느낌이 들었다.

그다음 소리들이 아무것도 들리지 않아서 조용히 가방을 들고 나왔다.

내가 기피하는 부류들이 '아는 척' '잘난 척' '있는 척' 하는 '척들'이라 여겼는데 쥐꼬랑지만큼이라도 아는 척해보려고 하다가 내 발등을 내가 찍었다.

가방을 들고 나오자마자 벽에 힘없이 턱하니 기대고 있었다. 벽색이고 싶었다. 카멜레온처럼 기분에 따라 주변 상황과 환경이 주는 온도에 따라 자유자재로 몸 색깔을 변화할 수 있다면 난 지금 내가 기대고 있는 벽색이고 싶었다. 카멜레온처럼 팔색조 같은 가면을 뒤집어쓰고 자신을 드러내거나 감추는 재주가 없다면 어설픈 가면은 스스로를 더 초라하게 한다는 것쯤은 잘 알고 있으면서 왜 순간 아는 척을 하고 들통이 났을까.

부끄러웠다. 친구가 나와서 듣고 깔깔거리며 별것도 아닌 거 가지고 호들갑스럽게 그런다며 위로 아닌 위로를 했지만 귀에 들어오지도 않았다.

"진짜 부끄러운 짓을 하고 사는 사람들이 얼마나 많은데 그까짓 귀여운 거 가지고 그렇게 창피해해. 어차피 사회 나오면 적당히 가면도 좀 쓰고 있어야 해. 있어도 없는 척해야 하고 없어도 있는 척해야 하고 그렇게 해야 할 때가 많아."

"그래도 지금 난 내가 너무 쪽 팔린다. 앞으로 그 여자 얼굴 어떻게 보냐. 이 모임은 첫날부터 좋이다."

"네가 말한 그 여자 나도 알아. 그런데 그 여자가 하는 말 어디까지 믿어?"

"뭘 어디까지 믿어. 나한테 거짓말할 게 뭐 있다고 어디까지긴 어디까지야."

"세상 좁더라. 이력도 화려하고 너무 잘나가는 듯이 말을 해서 나도 남다르게 봤는데 남편이 아는 후배 부인이었어. 이혼하고 지금 영

204

어학원 하는데 사정이 어렵대. 외국에서 1년 있었던 게 다야. 그리고 무슨 사시야. 법대 졸업도 못하고 임신해서 결혼한 거야."

"내가 돈 빌려 줄 사이도 아닌데 왜 처음 보는 나한테까지 그런 거짓말을 한 거지?"

"모르지. 그냥 그 여자는 누구한테나 습관처럼 그렇게 말하고 행동하고 다니는 것 같아."

내가 뱉어버린 아는 척과 그녀가 습관처럼 배어 있다는 있는 척의 랑데부에서 일단은 내가 먼저 들키고 부끄러웠으므로 멍든 것은 나부터 확인하였다.

살면서 무언가 숨기고 싶은 것이 있거나 아닌 척 혹은 맞는 척해야 할 때 가면을 쓰고 대하는 상황들이 종종 있다. 가면이 두꺼운 사람들은 층층이 패스추리처럼 겹겹으로 쌓여져 있어서 진짜 본모습을 자신마저 모르게 위장해서 스스로조차도 속이기도 한다.

"난 내가 어떤 사람인지 모르겠어요. 난 이게 맞다고 생각했는데 결국은 다들 나를 이상하게 보고 왜 떠나버리죠? 나의 어떤 모습이 진짜인지 나도 나를 잘 모르겠어요."

가면이 여러 개인 사람들은 심지어는 어떤 게 가면이고 어떤 게 본인의 얼굴인지조차 모르는 채 방황할지도 모른다는 생각이 들었다. 자신의 어떤 모습이 가장 자연스러운지도 모른 채 사회에서 필요한 대로 혹은 남들에게 보여지고 싶은 대로 가면을 쓰고 사는 일은 하루 일과가 끝나고 세수로 메이크업을 벗어버리려 할 때도 마음의 메이

205

크업 때문에 무겁지 않을까?

    어릴 때는 착한아이 콤플렉스로 어쩌면 엄마를 대했는지도 모르겠다. 그 무거운 가면을 쓰고 계속 엄마를 대하다 보니 정작 명절에는 엄마를 피해 시댁으로 달아나고 싶기도 했다. 그리고 갈등했다. 엄마가 안쓰럽고 엄마한테 미안하면서도 난 왜 명절날 유달리 외로워하는 엄마 곁을 떠나 있고 싶어질까? 자신을 누르고 혹은 속여 가면서 '난 이래야 된다' '이래야 착한 딸이 맞다'라는 가면을 쓴 채 엄마를 대한 세월이 길다보니 정작 엄마가 나를 가장 필요로 하는 시간에는 명분을 내밀면서 달아나고 싶었는지도 모른다. 가면을 쓰고 살아가는 일은 결국 숨쉬기가 답답해져서 얼굴에는 끈적한 땀이 흐른다. 얇은 가면을 쓰려다 바로 발각되면 후다닥 가면을 벗고 잠시 벽 색깔과 같아지고 싶은 순간의 카멜레온을 꿈꾸지만 두꺼운 가면이 여러 개 다 보면 뒤집어쓴 얼굴 아래에서는 증발하지 못하는 땀의 부작용이 온갖 트러블들을 만들어 내고 있다. 내추럴한 민낯이 피부가 숨쉬기에는 가장 편한데 오늘의 가면은 어떤 걸 써볼가나 하며 화장대를 뒤적이고 있지는 않는지 모르겠다.

# 누구를 위한
# 인생을 살고 있는가

"엄마, 엄마는 언제가 가장 행복했어?"

엄마가 좋아하는 단팥빵을 찢어주며 물 한 모금 빵 한 모금 번갈아 가며 오물거리는 엄마를 바라본다. 엄마의 눈에 총기가 보이고 정신이 이렇게 맑고 온전한 날은 자꾸 질문을 하고 싶어지곤 했다.

"엄마는 네가 아장아장거리며 어릴 때가 가장 행복했어. 조그만게 힘이 들어도 얼굴이 계속 빨개지면서 걷는데 그게 그렇게 예쁘더라구. 그때는 아빠가 속도 많이 안 썩일 때였고 젤루 좋을 때였지."

"엄마는 다시 돌아가고 싶은 때가 있다면 언제야. 나 아장아장거릴 때야?"

"아니, 네 아빠 만나기 전으로 가서 이 남자 저 남자 연애 좀 하다가 결혼해야지. 엄마가 너무 쑥맥이었어."

"그러니까 왜 그때로 돌아가고 싶으신데?"

"딴 남자 만나다가 네 아빠 만나려고."

"아이고, 우리 엄마 지금도 쑥맥이네. 그렇게 속을 썩였으면서도 또 아빠랑 결혼해? 연애하다가 좋은 남자 있으면 그 사람이랑 해야지."

"네 아빠가 바람만 안 피고 보증만 안 서고 다니면 세상에 네 아빠 같은 사람 없지. 상냥하고 잘생기고 손재주는 좀 좋아. 계집년들이 네 아빠를 가만 안 둬서 그렇지."

"엄마, 다른 거 다 좋아도 바람 피우고 보증 서는 게 제일 고달픈 거야. 그래도 아빠하고 또 만날 생각하는 거 보니 엄마는 아빠 아직도 사랑하는 거 맞네. 전 여사 다 엄살이었어. 다시는 보기도 싫다느니, 징글징글하다느니 하는 말."

"엄마가 왜 그렇게 아빠한테 안달복달하며 살았는지 그게 후회스러워. 나도 내 인생 살면 되는데 왜 그렇게 아빠 하는 거 하나하나에 그렇게 다 목매달고 살았는지 그게 젤루 후회스러워."

"그러니까 왜 그렇게 사셨어. 아빠는 그러든가 말든가 말려도 안 되는 거면 엄마도 엄마 인생 살고 그러시지."

"그때는 눈이 뒤집히니 뵈는 게 없었지. 사람들 보기에 창피하기도 했고, 지나고 나야 알어. 닥치면 모르고 다 늙어서 알어. 좀 재미나게 살 걸 왜 그렇게 살았나 몰라. 내 인생이 내 인생이 아닌 거처럼 산 겨."

"엄마 단팥빵을 어쩐 일로 오늘은 한 개 다 드시네."

식탐이 없어서 항상 조금조금만 먹던 엄마가 그날따라 커다란 단팥빵을 하나 다 드셨다.

"네 아빠 얘기하니까 들어가는 줄도 모르고 들어갔네. 있다가 저녁 먹어야 하는데 큰일 났다 배불러서. 아무튼 지간에 넌 시집 빨리

가지 말고 연애나 실컷 하고 살다가 느지막이 가, 인물 보고 결혼하지 말고."

총기로 반짝이던 엄마가 다시 혼동의 시간이 온 모양이다. 옛날을 회상하다가 잠시 멍하시더니 나를 꿈뻑꿈뻑 쳐다보신다.

"엄마, 손주가 몇 살인데 시집을 가지 말래. 이미 간 지가 언제인데."

"글쎄, 이상하다. 엄마가 멍하네. 졸리다."

신기한 일이다. 얼마전까지만 해도 예전의 엄마였는데 다시 요즘의 엄마처럼 되돌아와서 아기처럼 누워 계신다. 정신이 그렇게 멍해지시면 엄마는 무조건 눕는다. 정신이 이상해졌을 때 돌아다니지 않으려고 애쓴 흔적이 보이는 일종의 습관적인 모습이려니 느껴졌다.

예전의 엄마 모습이 보여서 신나게 말하던 나는 다시 현실을 봐버리고 절로 한숨이 쉬어졌다.


엄마는 엄마의 인생을 살고 싶다고 하셨다. 엄마에게 과거로 돌아가는 선택권이 주어진다면 엄마의 인생이란 것은 어떤 그림으로 다시 그려질까. 가고 싶은 시절이 처녀시절로 돌아가서 연애를 실컷해보다가 아빠를 또 만난다는 설정이 뜻밖이었다. 엄마는 엄마를 힘들게 한 아빠를 포기하지 않았다. 단지 아빠에게 휘둘리고 자신의 인생을 즐기지 못한 것을 후회할 뿐이었다. 엄마가 선택한 초조, 불안, 질투, 서러움, 노여움 같은 것들로 인해 스스로에게 가한 인생의 상처들을 후회하는 것처럼 말했다.

내가 살고 있는 인생을 돌아보노라니 자주 고민하던 주제가 아직도 머릿속에서 거미줄을 치고 있다. '난 내 인생의 주인으로 살고 있는가' 내가 선택한 크고 작은 선택들이 모여서 지금의 내 모습이 되었다는 것을 인정하면서도 어떤 선택은 그렇게 할 수밖에 없었던 상황이나 배경에서 변명거리를 찾고 있었다.

선택에 대한 책임은 오롯이 내 몫임을 알면서도 사연이나 이유에 기대어 나를 합리화한들 시간을 되돌려 다시 선택을 할 수도 없고 책임을 회피할 수도 없음을 안다. 선택에 대한 주인공은 결국 나이면서 결과에 대한 책임에 있어서는 지나가는 행인역을 할 수는 없지 않은가.

요즘 혼자인 게 편한 것은 내가 정말 나답게 살고 있는지에 대한 회의가 쌓이면서 주변의 관계들로부터 나를 떨어뜨려 놓고 쉬면서 나의 생각을 바라보고 싶었던 바람이 크다. 내 감정이나 내 마음과는 상관없이 사람들과 마주하는 자리에 나가면 좋든 싫든 두껍든 얇든 가면 한 개씩은 쓰고 있어야 했던 자신에게 실증을 느꼈는지도 모른다.

어쩔 때는 내 마음이 내 마음이 아닌 것 같기도 하고 내 마음이 도대체 뭔지 모를 때도 있다. 마주하는 사람에 맞추느라고 표정도 감추고 마음과 다른 말을 내뱉기도 했다. 그러고 나면 어김없이 허탈함과 피곤함이 찾아온다. 내가 있는 그 자리에 나의 몸과 마음의 주인은 분명 나인데 마음이 시키는 대로 하지 못하고 상황이나 눈치를 보며 다른 이들의 시선을 살피느라 정말 나답게 있는 그대로 마음껏 드러낸 적이 얼마나 될까? 주인공을 꿈꾸면서도 주인공이 겪는 갈등이나 험난하게 맞닥뜨려야 할 상황은 기피한다. 안전하게 묻어가는 조연이나 엑스트라를 차라리 선택한다. 생각은 주인공이 되고 싶지만 주인공이 져야 할 책임은 두려워하면서 말과 행동은 다르게 하고 있고 그럴 수밖에 없는 이유를 찾기에 급급했던 것 같다.

어린 시절로 거슬러 올라가 엄마와 아빠의 평화를 살피며 내 감정을 누르거나 숨기고 괜찮은 척 착한 딸인 척하던 그때의 가면들은 아직 벗겨지지 않고 세월의 때까지 묻어서 내 얼굴에 도포되어 있을지도 모른다.

감정을 드러내지 않으려 하면서 정작 내 마음이 시키는 대로 하지 못하고 주위를 살피는 거에 예민하고 그것을 배려라고 착각하는 가면이 깔려 있는지도 모른다. 앞서간다고 생각하는 사람들을 '따라하기' 한다거나 사회가 만든 유행의 물살에 정작 큰 매력을 못 느끼면서도 휩쓸려서 흉내내기를 하고 있었다. 그것이 뒤지지 않는 삶이라고 스스로 의미부여를 했을 것이다. 남의 눈을 빌어 본 것들을 들으며 믿으며 그것을 말하는 자가 지식인이라면 의심 없이 자기 것으로 가져와 '주관'이라고 생각하기도 했을 것이다. 그래서 가짜와 진짜를 구별 못하고 세상이 하라는 대로 흔들리고 지식은 불리면서 진짜 내 주관이 뭔지도 모른 채 비판하거나 판단한다.

"난 옥란이 용서할라고 그랬어. 그런데 주변 여편네들이 어쩌구저쩌구 하도 입방아를 찧어대니까 어느 순간 옥란이가 그렇게 밉더라

구. 내가 걔를 좀 예뻐했냐? 그래도 그 예뻐한 정을 봐서 곱게 보내
려고 했는데 그런 년은 곱게 보내면 안 된다고 하도 그래 싸니까 나
도 생각이 달라지더라. 그런데 그때 그 어린 걸 머리털 홀딱 깎아 보
낸 게 평생 마음에 걸려."

"엄마도 많이 속상하니까 그랬겠지. 예뻐했는데 배신감이 들어
서."

"아유, 그래도 그때 그 여편네들 말 듣고 그러는 게 아닌데, 네 아
빠가 더 나쁜 사람이지 어린 게 뭐 그렇게 큰 죄가 있겠냐. 내가 왜
그렇게 네 아빠한테 마음을 휘둘려 살았는지 내가 내 머리털을 뽑고
싶다니까. 인생이 아까워 죽겠어. 그냥 그러든가 말든가 주는 생활비
나 받으며 뱃속 편하게 살면서 나도 내 하고 싶은 것 좀 하며 살걸."


아빠와 정분이 났던 옥란이 언니는 엄마가 딸처럼 예뻐하고 정
을 주었다. 아직 뽀송한 나이에 동생들 대학 보낸다고 고생하던 언
니를 기특해 했다. 정에 굶주린 언니는 엄마아빠에게 한없이 살갑
게 굴었다.

나잇살이나 먹어가지고 그렇게 만든 어른이 잘못이지 언니가 무
슨 잘못이 있냐며 아빠를 쥐 잡듯이 나무라던 엄마는 사람들의 말에
휩쓸려 마음에 내키지 않는 행동을 한 것이 내내 걸린 것이다. 엄마
의 인생 중 절반은 아빠가 바라보는 세상에서 아빠가 가져온 아빠의
행동들을 가지고 힘들어했다. 남사스럽고 속상한 마음과 내 남자인
데 하는 질투가 뒤섞여 때로는 자신이 하고 싶지 않은 행동도 떠밀려

서 하게 된 것들을 종종 후회하셨다.

결국 엄마의 인생 중 엄마가 되돌리고 싶어 하는 부분은 집착 때문에 엄마 마음대로 살지 못하고 전전긍긍하다가 내버린 시간들이다.

나라고 많이 달랐을까. 남들 대학 다 가는데 우리 아들 대학 못가면 어쩌나 했던 부질없던 고민들, 화가 나지 않아도 이런 상황에서 화안 내면 너무 만만하게 보이는 것 아니냐며 덤덤함을 소심함으로 유도하는 이들에게 팔랑거리기도 했던 시간, 남들이 바라보고 얻은 그들의 결론을 마치 내 것인 양 착각해서 살았던 것들.

혼자인 시간들이 많아지면 고독이나 외로움도 수반되지만 그것들을 잘 다독이면 자신을 돌아보는 성찰의 시간이 더 풍성해진다.

머리로만 알고 내가 잘못 살고 있다고 느껴지고 있거나 생각으로만 알고 내가 틀리다고 생각하는 것들이 정말 내 마음이 깨닫고 느끼고 경험해서 얻은 것인지를 알아야 했다. 밖에서 다른 이들의 생각이나 시선을 받아들여 형성된 것인지 진짜 내 마음인지 알려면 잠시라도 생각을 비워놓고 나를 들여다보기 연습을 한다.

엄마가 아빠 때문에 힘들어하며 자신보다는 온통 아빠생각으로 꽉차 있던 시절에 어린 내가 아닌 지금의 내가 곁에 있었다면 엄마는 엄마가 살고 싶은 인생을 조금이라도 살 수 있었을까?

내 마음의 주인이 되는 것이 얼마나 어려운 것인지는 생각을 많이 쥐고 있을수록 더 어렵다는 것을 알게 된다. 내 인생은 나의 것인데 누구의 인생을 살고 있느라 마음이 시키는 대로 하지 못하고 자신의 진짜 마음도 보지 못하고 사는 것일까.

나를 사랑한다는 것은 내가 나의 주인임을 인정하고 받아들이는 데서부터 다시 시작해야 하는 것이라고 지금의 내 마음이 말한다.

# 잃어버린
## 감성을 찾다

가을의 바람이 분다. 선물 같은 날씨의 연속이다. 미세먼지 없는 가을하늘은 눈이 부셔서 쳐다보다가도 절로 눈을 감게 만든다. 눈을 감으면 가을이 주는 감각적인 것들을 좀 더 세밀하게 느낀다. 온몸의 세포 하나하나가 반응하고 그 시원함과 따뜻함 사이의 딱히 정의 내리기 어려운 감정들이 나를 가라앉게도 만들고 높이 띄워 올리기도 한다. 가을이 주는 조울은 멀미 같아서 종종 울렁거리게도 하고 현기증을 일으키곤 하기도 한다. 사계절 중 유독 가을을 타는 것은 무언가 저물어 가는 해질 녘 같은 기분을 주는 계절인 것 같아서이다. 해가 지는 시간, 어느 동화책에서는 불이 하나둘씩 켜지기 시작하는 새벽의 시간을 파란 시간이라고 표현한 것을 읽은 적이 있다. 나는 해질 무렵, 노을이 하늘에 번지기 시작하고 어슴푸레한 어둠이 깔리기 시작하는 시간, 하나 둘씩 어둠을 밝히는 불이 켜지기 시작하는 시간, 하루의 일과가 끝나고 집으로 돌아가려 하거나 저녁을 하러 들어가는 사람들의 발걸음을 보는 시간, 그 시간을 파란 시간이라고 명하며 해질 녘을 누린다. 저물어가는 하늘은 평온하고 쓸쓸하고 고독하고 고요하다. 사람들은 분주해 보이지만 내가 느끼는 그 시간의 분위기는 평온한 쓸쓸함이다. 어린 시절, 어두워지는 하늘을 보며 한낮의 볕과 작별하는 어슴푸레한 시간을 쓸쓸해한 그 기억들이 아직도 온몸 구석구석에 각인되어 있는 것일까? 뭔가 혼자 덩그러니 놓여져 있는 것 같으면서도 갈 곳을 잃은 사람처럼 세상과 동떨어져 있는 느낌. 그 쓸쓸함이 외로우면서도 놓치기 싫은 순간이기도 하다.

이런 이야기를 친구에게 말했더니 신기한 눈으로 날 바라보았다.

"난 해질 녘이 다가오면 저녁은 또 뭐해서 먹나, 그 걱정이 먼저 되더라. 너는 시장 봐가지고 가면서 그런 생각이 든단 말이지?"

"응, 왼손에 대파 들고 양파도 들고 생선도 들고 보따리가 한보따리여도 오른손으로는 노을이 예쁘면 꼭 하늘을 찍어."

"그런 거 보면 넌 참 감성적이야. 내가 소녀시절에도 안 하던 짓을 넌 수시로 밥 먹듯이 하는 것 같아. 너 보면 참 신기해."

"난 있잖아. 나이 먹어 가면서 나를 점점 더 알게 되는 것 같아. 소녀시절에도 몰랐던 소녀감성이 무엇인지 요즘 막 내 안에서 올라오는 것 같아."

"어떻게 올라오는데?"

"길 가다가 뭔가 웃긴 것을 보면 입을 막고 혼자서 까르르거려. 그리고 노을 지는데 내가 좋아하는 음악을 듣고 걷노라면 절로 막 눈물이 나오기도 해."

"야, 요즘 소녀들은 낙엽 굴러가면 밟아. 까르르거리지도 않아. 네가 무슨 벤저민 버튼의 거꾸로 시계냐?"

"아니, 거꾸로 간다 해도 이런 모습은 소녀시절에 없었다니까. 그냥 그때는 이런 감정을 다 표현 못하고 산 것 같아. 슬퍼하지 않으려고 노력했고, 울고 싶어도 참았고."

"오히려 어른이 되면 감정을 드러내지 않으려고 노력하고 참게 되는 것 아닌가?"

"인생에는 지랄 총량의 법칙이 있대. 어릴 때나 성장기 때 지랄을 많이 하면 어른이 돼서 점점 덜하고 어릴 때나 젊을 때 실컷 못해보면 나이 먹어서라도 총량을 채워야 하는 거래."

"말 되는데? 그럼 우리 집 가스나 지금 어린 게 학교 갈 때 화장하고 지랄하는 것 내버려둬야 되겠네?"

"하지 말라고 안 할 것 같니? 학교 화장실에서라도 한다."

"내 말이, 화장 못하게 한바탕 하고 맨 얼굴로 학교 보냈더니 어디서 했나 얼굴이 떡칠이 돼 가지고 엉망으로 대충 지워가지고 왔더라. 안 한 척하고 식탁에 앉아 간식 달라고 하는데 어찌나 기가 막히던지."

"그 나이 때가 유행에 몹시 민감하잖아, 어린 피부가 얼마나 예쁜지 그 나이 때는 모르지. 우리도 왜 그때 어른들이 참말로 귀엽고 예쁜 때다 했는데도 무슨 말인지 귀에 안 들어왔잖아."

"우리 애가 너 같은 감성을 가지고 있으면서 소녀 같으면 내가 아침마다 소리 지를 일은 없겠다."

"나도 한때 소리 좀 질러 본 엄마로서 말하는 건데 소리 질러봤자 너만 목 아파. 그리고 네 딸 지금 안 하면 그 욕구 쌓았다가 나중에 언제 풀지 몰라. 나쁜 짓 하고 다니는 것도 아닌데 내버려둬."

"우리 딸 얘기하니까 갑자기 내가 머리 아프다. 나야말로 감성이 좀 필요해. 비 오면 질척거려서 싫고, 노을 지면 저녁밥 하기 귀찮아서 싫고, 날씨 너무 좋으면 어디 가지도 못하는데 날만 좋아서 싫고 너무 메말랐어."

감성이 버석거려지고 있다는 친구는 감성은 먼 나라 이웃나라 교통편처럼 아스라하게 취급을 하고 있었다. 오랜만에 만났어도 허물없고 성격 좋은 그녀는 감성은 혹시 살 수 없는 거냐고 하면서 카드를 흔들며 웃었다.


비가 오면 비가 와서, 날이 좋으면 날이 좋아서, 바람이 불면 바람이 불어서, 감정에 의미를 가져다 붙이며 온몸으로 모든 자극을 민감하게 받아들이는 나는 감성쟁이다. 한때는 이성적이라며 나의 냉철함을 스스로 칭찬하고 착각하던 시절이 있었던 게 무색하리만치 불혹을 넘어서면서부터 감정이입이 더 짙어져서 종종 곤혹스럽기조차 했다.

작품성 있는 전쟁영화라든가 리얼리티가 살아있는 폭력 영화들은 아예 볼 꿈도 꾸지 못하고 있다. 연기자가 맞으면 내가 아프고 피 흘리면 왠지 쓰리고 그 여운이 너무 진해서 영화가 끝나도 한참의 후유증을 앓곤 했다. 슬픈 스토리는 먹먹함으로 한동안 맴돌며 뇌리에서 오래 머물다가 진정되곤 한다. 그러다보니 내 마음이 편하고자 유치해도 해피엔딩이거나 무겁지 않고 유쾌한 스토리만을 보려고 하고 애써 작품성 있는 명작이어도 내용이 우울하면 피하기도 했다. 불편한 진실들을 파헤치는 내용은 말 그대로 불편한 진실이어서 보기가 힘들다. 진실이기 때문에 힘들고 그 진실이 외면하고픈 사실이기 때문에 힘들다. 투쟁하고 항의하고 정의감을 행동으로 보여주지 못하는 스스로를 외면하고픈 건지 그런 불편한 현장 속에서 피해를 당한 사람들에 대한 가슴 아픔이 전이될까 봐 외면하고픈 건지 아니면 피해자도 피의자도 애매해져버린 자본의 사회 시스템이 불편해서 외면하고픈 건지 선명하게는 모르겠다.

보지 않으려 하는 것은 분명 예민해지기 때문에 상처받기 싫어서란 것은 확실하다.


세월호 사건이 일어나던 날 하늘에 달이 참 밝았다. 뉴스로 소식을 접하자마자 TV를 틀어놓지 않았다. 자식을 잃은 부모들의 비통한 절규를 화면으로 보면 하루일과가 마비될 것을 알기에 내 마음 좀 편하고자 아예 모든 대중매체를 단절했다. 그럼에도 불구하고 길가다가도 울고 밥 먹다가도 울고 택시를 탔다가도 들리는 라디오 소리에 울고 일주일 동안 2킬로그램이 빠졌다. 물만 먹어도 살이 찐다는 저주 받은 체질이라며 소식에 단식에 별 유난스러운 짓은 다했어도 쉬이 빠지지 않던 살이 그런 숫자를 기록한 것은 내 생애 기록적인 것이기도 했다. 자식을 키워본 부모들은 그 심정이 어떨 것이라는 것을 군이 당해보지 않고도 짐작은 할 수 있기에 감정이입은 폐부 깊숙이 파고들어 먹먹함으로 쑤셔댔다. 눈물을 달고 사는 나의 상태를 남편은 잘 이해하지 못했다.

"슬프고 가슴 아픈 일이지만 당신은 좀 받아들이는 게 너무 심한 것 같아. 왜 허구한 날 눈이 부어 있어. 누가 보면 당신이 가족인 줄 알겠어."

"당신은 좋겠다. 이성적일 수 있어서, 난 그게 잘 안 돼."

"다정도 병인 양 하여 잠 못 들어 하노라가 딱 당신이네."

"내가 이래서 당신이 까칠해도 다음날 또 웃어줄 수 있는 거야. 생각이 없어서가 아니고 다정한 병이 걸려서."

딱히 할 말이 없어진 남편은 뉴스 대신 스포츠 채널을 돌리곤 했다.


잎새에 이는 바람에도 괴로워한 윤동주는 나라를 생각하는 애절함을 감성에 녹여 글로 써 내려갔다. 나라를 빼앗긴 시절에 태어났다면 나는 풀잎에 이는 바람에도 괴로워하며 뒤에 숨어서 애통해만 하다가 독립운동 하는 사람들을 위해 몰래 쌀이라도 퍼다 주는 일로 소심하게 감성을 대변하고 있지는 않을까? 아무리 생각해도 '내 총알을 받아라'의 행동파는 못되었지 싶었다. 내가 가지고 태어난 감성적인 기질은 숨기려고 하면 할수록 마음속 어디에선가 똬리를 틀고 더 부피를 늘리고 있었는지도 모르겠다. 사춘기 시절에는 엄마가 속상할까 봐 슬퍼도 아파도 힘들어도 눈물이 나도 누르고 참고 숨기고 온갖 은폐의 짓거리들을 다 했다. 그때 억압하느라 다친 감성이 요즘은 날 돌보느라 알아봐주니까 주민등록 숫자와는 아무 상관없는 현실감 각을 가지고 소녀들보다 더 까르르거리며 잎새에 이는 바람에도 좋 아하고 슬퍼하고 모든 외부의 자극에 풍성하게 반응한다. 그 예민한 감성을 지키기 위해 혹은 상처받지 않기 위해 주로 혼자인 시간을 선 택하지만 나는 안다. 내가 지금 혼자 있는 이유는 이 감성을 누군가 와 나누고 소통하기 싫어서라는 것을. 스스로에게도 더 이상 상처받 지 않기 위해서 단련하고 있는 준비기간이라는 것을.

커피숍 모퉁이에서 음악을 들으며 이어폰을 꽂고 글을 쓰고 있는 나에게 가수 김동욱이 〈비상〉을 선물한다.

'누구나 한번쯤은 자기만의 세계로 빠져들게 되는 순간이 있지. 너 무 많은 생각과 너무 많은 걱정에 온통 내 자신을 가두었던 나는 상 처받는 것보다 혼자를 택한 것이다. 고독이 꼭 나쁜 것은 아니다. 외 로움은 나에게 누구도 말하지 않을 소중한 것을 깨닫게 했으니까, 다 시 새롭게 시작할 것이다. 더 이상 아무것도 피하지 않을 것이다. 내 힘겨웠던 방황은 이 세상 견뎌낼 힘이 돼줄 것이다.'

눈이 부시게 맑은 시월의 어느 멋진 날에 감성이 몽글몽글 피어오 르며 비상하고 있다.

# 내 몸에 쌓이는
## 카페인만큼

커피 맛이 좋은데 분위기까지 좋고 게다가 조용하기까지 하다면 그런 커피숍은 나에게 로또 맞은 거다. 하지만 사람 눈은 좋은 걸 알아보는 것은 다 비슷하다. 3가지 요건을 다 갖추는 커피숍을 찾아서 조용히 글을 쓴다는 욕심은 접은 지 오래다. 제1순위는 그저 조용한 곳을 정해서 사람이 없으면 무턱대고 들어가곤 했다. 집에서 집중을 잘하는 실속파가 한때는 부럽기도 했다. 집 책상에만 앉으면 한 시간을 못 버티고 푹신한 곳에 어느새 앉아서 멍을 때리거나 음악만 듣고 있는 나를 발견하곤 한다. 이렇게 볕이 좋은 가을날은 더구나 집에만 있는 것은 나에게는 형벌이다. 걷는 것만으로도 꿈을 꾸듯 나른한 가을이 내 마음의 먼지를 털어주기도 하고 습기가 배여 곰팡이가 날 것 같은 어느 한구석조차도 찾아내 뽀송하게 말려주기도 한다. 가을은 나에게 가장 선물 같은 계절이다.

시월의 어느 멋진 날 한가운데 있으면서도 이 바람과 온도가 벌써 그립다. 너무 좋으면 지금 이 순간 함께하면서도 지금이 그립다.

한때는 드립커피를 배우고 커피에 중독되었던 적이 있었다. 원두를 그라인더에 갈면서 그 고소하고 그윽한 향에 먼저 반하고 주전자로 물을 부을 때 보글보글 올라오는 신선한 원두의 거품에 반하고 그리고 다 마시고 난 후 커피 잔에 남아 있는 잔향에 반해서 생각날 때마다 커피를 내려 마셨던 적이 있었다. 너무 마셔서 가슴이 울렁거리면 '내일은 커피 끊자'를 구구단 외우듯이 반복적으로 중얼거렸지만 그 치명적인 유혹은 이미 중독성을 가지고 나에게 들어앉아버렸다. 차도 우려 마셔 보고 오징어 다리도 씹어보고 도라지 절편도 질겅거려봤지만 이미 중독은 금단현상을 불러와서 손과 발을 떨리게 하기 이전에 마음을 먼저 떨리게 만들어버렸다. 내가 바라는 게 간절할 때는 그 욕망에 대처할 만한 것들은 '간절하게 바라는 그것' 외에는 그때는 존재하지 않는다.

사실 나는 커피가 잘 맞는 체질이 아니었다. 많이 마시면 심장이 두근거리고 속이 쓰리기도 했다. 개수대에 쌓이는 커피 잔만큼이나 나의 심장은 주인장의 커피 탐욕에 원성을 보내고 있었다. 커피를 숭늉처럼 마셔도 아무렇지도 않은 커피 잘 마시는 체질이 있는가 하면 나처럼 커피 마시는 분위기나 원두향이 좋아서 몰두하는 분위기 체질이 있는데, 분에 넘치게 욕심을 내면 내 몸은 정직하게 카페인에 반항하며 벌렁거림으로 토해낸다. 보고 싶은데 보고 싶은 사람 연락하지 않고 참는 것은 곧잘 했으면서 커피는 거부할 수 없게 유혹하며 참을 수 없게 만들었다.

과테말라 안티구아, 브라질 술데미나스, 콜롬비아 수프리모, 에디

오피아 예가체프 등 들어봄직한 원두부터 시작해서 낯선 이름의 원두들까지 호기심이 일면 참지 못하고 골고루 구입해서 마셔보았다. 또르르 내려서 한입 물고 있으면 그 원두가 재배된 원산지가 떠오르면서 가난한 손길들을 거친 노동과 정성을 마시는 듯하기도 했다. 가보지도 못한 땅이지만 낯선 나라에 한 발 내딛고 그 향을 만들어낸 이국에 서있는 것처럼 은은한 상상이 번져 나갔다. 당체 끊을 수가 없었다. 결국 설사를 한바탕 하고 심하게 배앓이를 앓고 하늘이 노래지고 나서야 줄여지기 시작했다.

중독을 이겨내고 이제는 커피숍 한 귀퉁이에 앉아 콜드브루라테나 카푸치노를 딱 한잔만 참하게 마실 줄 아는 스스로를 대견해하지만 그래도 여전히 커피는 글을 쓰거나 음악을 들으며 내 몸에 차곡차곡 쌓이고 있다.


엄마도 하루에 한 잔씩 봉지커피를 마셔야 안정이 된다고 했다. 요양사들한테 한 개씩 빌려가며 드셨다기에 큼직한 커피 한 박스를 사다놓았다. 하루에 두 잔 이상씩 마시면서 잠이 안 온다고 불면을 호소하면서부터는 커피를 감추어두고 한 개씩만 드리게 했다. 아메리카노 같은 밍밍한 커피는 커피가 아니라는 엄마에게 봉지커피가 아닌 커피는 무슨 맛인지 잘 모르겠는 그냥 쌉쌀한 음료일 뿐이었다.

"커피를 안 마시면 입이 심심해. 여기서 유일한 낙이 그래도 그거 한 잔 마시는 거밖에 더 있니?"

잠시 동안이라도 커피의 달달함을 마시는 그 시간이 엄마에게는 하루 중 가장 큰 낙이었는지도 모르겠다. 그렇게 커피 박스가 점점 비워져갈 무렵 엄마는 말했다.

"커피 이제 그만 사와."

"왜? 잠이 안 오셔서?"

"잠도 안 오고 커피 마실 때마다 집에 가고 싶어. 아침마다 밥 먹고 한 잔씩 타먹던 그 생각이 나서 자꾸 집으로 뛰쳐나가고 싶어."

엄마의 눈은 다시 또 간절해지기 시작했다.

"새벽에 일어나 성모님께 기도하고 아침 밥 먹고 커피 한 잔 하던 시절이 지금 생각해보니 참 고마운 시절이더라. 그때는 사는 게 즐거운지도 모르고 오늘 아침도 죽지 않고 눈뜨게 해줘서 성모님께 '감사합니다' 하고 인사만 하는 게 다였는데 그게 그렇게 고마운 건지 여기 들어와보니 알겠더라고."

엄마가 갑자기 내 손을 덥석 잡았다.

"엄마 여기서 나가게 좀 해줘. 엄마 좀 집에 데려다줘. 여기는 감옥살이야. 못살 거 같어 여기선."

외출증을 끊고 엄마를 부축해서 무조건 나왔다. 엄마가 살던 옛집을 모시고 갔다.

"여긴 어디니?"

"엄마 집이었잖아. 바뀌어서 못 알아보시겠지?"

"여기 우리 집 아녀. 엄마 집 데려다 줘."

몇 년 전 주인이 바뀐 집은 마당부터 색칠까지 다 달라져 있었다. 엄마는 옥상에 올라가고 싶다고 떼를 쓰다가 다시 정신줄을 놓은 양 멍해지셨다.

"나 좀 데려다주세요. 눕고 싶어요."

딸이 아닌 다른 사람으로 인식했는지 다시 존댓말을 쓰며 휘청거렸다.

이틀 간격으로 반복되는 집 타령에 나도 많이 지쳤었다. 노인네를 모시고 가서 그 현장을 확인시키면 다만 일주일이라도 잠잠하지 않을까 싶어 무리해서라도 현장을 보여준 것은 나의 이기심 때문이었다. 포기할 줄 모르는 엄마에게 지쳤고 반복되는 전화에 앵무새처럼 똑같은 대응을 하는 나에게도 지쳤다. 울컥하며 참았던 쓴물이 올라오는 기분에 기어이 무리수를 두었다.


하늘은 눈부셨다. 여름이 치열했던 만큼 가을하늘은 보답이라도 하듯이 화사했다. 저물어가는 코스모스처럼 흐느적거리는 엄마를 부축해서 인근의 커피숍에 앉히고 커피를 시켰다.

엄마에게는 달달한 커피를 나에게는 시나몬을 부담스러우리만치 잔뜩 올린 카푸치노를 시켜주었다.

"이건 뭐래요?"

"카페라테야. 시럽도 넣어서 달달해. 엄마가 그래도 커피숍에서 이건 드시잖아."

식혀서 덜어드린다고 붓다가 흘렸다.

"에헤, 바닥에 흘리면 어쩐대요, 아깝게시리."

아깝다는 듯이 엄마가 컵 밖으로 흘러나온 커피를 머그잔을 들고 빨아서 드신다. 그리고 싱긋 웃는다.

눈물이 핑 돌았다. 커피 잔을 들어 올리며 커피를 홀짝이며 눈물도 홀짝였다. 카푸치노 거품 위로 눈물이 뚝뚝 떨어졌다. 커피를 마시는지 눈물을 마시는지 모를 만큼 그렇게 홀짝였다. 한번 터진 눈물샘은 멈춤을 몰랐다. 엄마가 목에 두른 작은 손수건을 벗어 내밀었다. 그 순간 엄마의 눈에 담긴 나는 딸은 아니었을 것이다. 그래도 안쓰러웠는지 인정 많았던 엄마는 목 따뜻하라고 둘러주었던 손수건을 풀어 나에게 내밀었다.

"왜 울어요. 화장 번지는 것 봐. 어여 닦어요. 자꾸 울면 큰일 나는데…."

"고마워요."

눈물이 삼켜지는 소리를 내며 간신히 대답했다.

"나는 딸 기다리는데 딸이 안 오네요. 집에 데려다준다 했는데."

"딸이 어디 갔는데요?"

"몰라요. 금방 올 거예요. 여기서 기다리라고 했는데."

"딸이 좋아요?"

"그럼요, 내 딸인데. 천사예요."

커피 잔을 떨구고 고개를 떨구고 목 놓아 울었다. 사람들이 쳐다보는 것도 엄마가 멀뚱거리며 쳐다보는 것도 나의 오열을 막을 순 없었다. 흑흑거리다 신음에 가까운 소리가 나오면서 결국에는 그렇게 엉엉 어린아이처럼 울었다. 엄마가 건네준 손수건이 다 젖고도 눈물은 쉴 새 없이 흘러 나왔다. 커피를 빨대로 홀짝이며 엄마는 신기한

227

듯이 처다보았다.

마음도 내가 하고 싶은 대로 블랜딩 할 수 있다면 그리하여 잘 로스팅 할 수 있다면 잘 볶아진 원두처럼 구수한 향이 날까.

엄마에게 도망치고 싶었던 마음은 어떤 산지의 원두이길래 이렇게 쌉쌀할까. 엄마를 책임져야 했던 마음은 어떤 원두이길래 이렇게 묵직할까. 엄마를 보면 안쓰럽고 슬픈 마음은 어떤 원두이길래 이렇게 산미가 강력할까. 마음도 눈도 시려운 것은 어떤 원두이길래 바디감이 이렇게 먹먹할까. 내가 마시고 싶은 대로만 블랜딩 할 수 있는 원두 맛은 아니지만 그럼에도 불구하고 엄마는 아직 내 곁에 있다.

숨을 쉬고 내 손을 잡고 눈도 맞추며 말도 할 수 있다. 커피원두가 붙박이장에 아직 남아 있다는 것을 발견한 어느 아침의 안도감처럼 엄마는 내 엄마인 채로 그렇게 아직 나를 안도하게 하고 있다.

내 몸에 쌓이는 카페인처럼 엄마는 그렇게 나에게 차곡차곡 쌓여가고 있다.

커피도 엄마도 끊을 수 없는 중독이라면 금단 후 이어질 통증이 두려운 나는 그냥 오늘 하루도 내 심장에 할당된 양만큼 마음을 로스팅한다.

# 나는 욕심쟁이다

해질 무렵 시간, 일명 파란 시간이라 명명한 그때는 나는 어김없이 산책을 한다. 저녁밥을 일찍 준비해놓고 숟가락만 들게끔 식탁에 세팅을 하고 나와서라도 가을날의 이 시간은 놓칠 수 없는 시간이다. 내가 사는 존재의 이유와 가치까지는 아니더라도 적어도 나는 나답게 살고 있는지 궁금해질 때마다 무조건 걸었다.

혼자 놀기를 자청 했으면서도 매일매일 하는 일 없이 분주하고 해놓은 것도 없이 내일이 오늘이 되어버렸고 알 수 없는 무언가에 쪼들리는 느낌이 들면 꼭 해질 녘이 아니어도 천변을 따라 무조건 걷는다.

마음이 가난해질 때마다 혹은 헛바람에 가스 찬 듯이 부풀어 오를 때도 걷는다. 음악에 집중하고 생각을 가볍게 하고 단순하게 몸을 쓸 수 있는 시간, 산책은 때로는 아무 생각 없이 나에게만 집중하게 해주어서 절대적 취미가 되기도 했다. 내가 나에게 말을 걸고 늘 보는 익숙한 풍경들에게 안도감을 느끼며 어제와 달리 새로운 것들이 발견되면 마냥 쪼그리고 앉아 바라보거나 걸음을 멈추고 호기심을 드러내는 시간들.

스스로에게 묻는 질문에 답을 달기도 하다가 모르겠으면 음악으로 다시 귀를 기울이고 세상 급할 것 없이 느긋하게 걷는다. 느긋하다 보니 여유가 생기고 그 틈에 누군가를 그리워하기도 하고 그리움을 다시 흐트러트리고 또다시 아무 생각 없이 그렇게 걸어보려 발걸음도 재촉하기도 한다.

음악의 템포에 따라 생각의 종류에 따라 발걸음의 박자는 달라진다. 그러다가 노을이 지면 경배하듯이 그윽한 눈으로 하늘을 멍하니 쳐다보고 갑자기 잔잔한 슬픔이 밀려오면 가만히 눈을 감는다.

그리고 문득문득 '이것만으로도 족하지 아니한가' 생각하며 내 상황에 감사해하기도 한다.

몸이 건강하여 두 발로 이렇게 걸을 수 있고 자주 예쁜 풍경들이 보여서 두 눈으로 볼 수도 있고 나를 닦달하는 빚쟁이들도 없고 특별히 미워하는 사람도 없다. 나 대신 엄마를 돌봐주는 요양원에 돈도 내 힘으로 낼 수 있고 서울에 가면 아들과 수다도 떨며 길거리 쇼핑도 할 수 있고 주말마다 아직 따뜻한 온기가 도는 엄마의 손을 만질 수도 있다.

마음의 조율이 종종 널을 뛰지만 이 또한 괜찮다. 내가 살아있기 때문에 생기는 이 다채로운 감정들에게 차라리 감사한다.

그렇게 나를 다독이고 다잡곤 했던 갑천의 천변 길가에 내 발걸음의 흔적들이 매일 매일 새겨진다.

"너한테는 밝은 에너지가 느껴져. 뭔가 생기가 넘쳐 보여, 힘이 있어 보이고, 뭐가 그렇게 세상이 신나는 거야?"

친구가 종종 나를 보고 이렇게 이야기 했다. 비단 친구뿐만 아니라 어쩌다 보는 지인들도 저런 이야기를 한 것 같았다.

근원적으로 공허하다고 느끼거나 허무한 염세주의가 깔려 있던 청춘시절에도 누군가는 나 보고 참 밝은 에너지가 보여서 좋다고 했다.

그래서 난 혼자이기를 선택한 것일까? 밝은 것을 지향하긴 하지만 세상을 보는 관점이나 내 마음이 그렇게 폴짝거리며 밝지 않은데 왜 그들에게는 그렇게 비추어졌을까? 안개처럼 자욱하기도 하고 시야가 답답하리만치 진지한 나의 모습을 감추고 어쩌면 밝은 가면 한 개를 쓰고 사람들을 대했을 것이다. 나의 그늘을 돌보지 못해서 생긴 통증으로 인해 점점 불편해지는 마음의 체기를 감당하기 벅차서 선택한 시간들일 것이다. 혼자인 시간이 일상의 대부분이 된 것은 그게 얼마가 되었건 '척'하고 사는 일상에서 마음 편히 나를 쉬게 해주고 싶었을 것이다. 대체 난 어떻게 생겨 먹었는지 나조차도 헷갈려서 껍데기 벗고 속살을 들여다보고 싶었는지도 모른다. 내가 허락하지 않은 상처들이 더 이상 날 들쑤시지 않게 하기 위해 나를 더 단단하게 만들고 싶었는지도 모르겠다.

동네 평범한 카페 맨 끝자락에 짱 박혀서 글을 쓰고 공부도 하고 멍도 때리고 음악도 들으며 보내던 시간을 바쁘게 사는 사람들이 보면 천상 한량 같은 코스프레를 하고 있다고 생각하겠지만 나름 치열했다.

삶은 살아지는 것이 아니고 살아가야 하는 것이어야 한다고 어느 화장실 문짝에서 읽은 적이 있다. 살아지는 수동적인 삶이 아니고 내가 살아가야 하는 능동적인 삶의 눈동자로 문짝을 직시했다. 삶에 대해서 난 어떤 철학을 가지고 대하고 있는지 되짚어본다.

삶이란 단어는 '살다'와 '살리다'를 겹쳐놓은 명사라 했는데 내가 대하는 삶은 누구를 살리는데 집중했던 지난 시간은 없었다. 대체적으로 인생은 공허한 그 무엇을 품고 있다고만 생각하고 '삶은 달걀이야'라는 시시껄렁한 농담으로 깊어져 가려는 생각을 부수어 버리기도 했다. 내가 살기에 급급했던 삶은 남을 살리는 삶은 없었다. 그것은 희생정신이 뛰어난 타고나길 그런 기질의 사람들이 하는 것이려니 하며 그들에게 미루었다. 간간히 하는 봉사활동은 도움의 손길이 필요한 사람들을 돕는다는 미명하에 사실은 내 잡념을 떨치고자 몸을 고달프게 쓰게 하기 위해 가는 목적이 더 컸다. 누군가가 나에게 라이프 코칭을 해달라며 주기적으로 상담을 요청했다.

사실 난 누군가를 코칭하며 그 사람을 변화시킬 대단하게 현명한 경험이나 노하우가 많은 사람이 아니다. 그 사람에게 질문하고 그 사람이 느끼며 깨닫는 것에 내가 외려 더 많이 배우고 느낀다. 진심으로 경청해주며 같이 그 문제를 깊게 생각해 나가는 것에 상대가 위로를 받으면서 마음을 열고 있는 게 느껴지면 나도 그로 인해 힘을 얻을 뿐이다. 그렇게 나를 또 알아가며 성장한다.

코칭을 하면서 누군가에게 진심으로 도움이 되었다고 느낄 때 가

숨이 뛰는 것을 보고 삶의 즐거움을 재조명하기 시작했다 . 그렇다면 나는 좀 더 나답게 살기 위해 혼자를 선택했고 또한 나답게 살아가기 위해 사람들 틈으로 다시 뛰어들려고 하는 것이다.

결국 '삶'은 살아가는 것이고 그로인해 누군가를 살리기도 하는 합성어로서의 의미를 충분히 담고 있었다.

살면서 얼마나 사람을 가슴 뜨겁게 사랑해 보았고 사람을 위해 얼마나 몰입해보았을까. 삶의 중심에 서서 살아가면서도 삶을 분별하지 못하고 살아가는 게 태반이었다. 세상살이를 비판하고 자본의 치우친 시스템을 탓하고 내가 선택해서 태어난 것이 아니라고 인생을 허무하게 몰아가기만 한다는 것은 알고 보면 자기모순이었다.

내가 가진 기준이나 편견에 맞짱도 떠보았지만 역시나 편견의 벽은 높아서 마음을 고단하게 한 적이 한두 번이 아니었다.

세상이 날 피곤하게 한 게 아니고 내 마음 안에서 각색하고 재단한 세상이 날 고단하게 했을 뿐인데 원인을 항상 밖에서 찾곤 하다가 지쳐버린 것이다. 그렇다고 다 내 탓이다 내 탓이다 하면서 마음이 태평양인 척도 할 수 없다면 난 그냥 내 마음과 수시로 소통하고 알아주면서 나를 편안하게 해주기로 했을 뿐이다.

마음을 편하게 해주기 위해서는 나에게 정직하기로 했다. 적어도 나에게만이라도 정직하고 민낯 같은 편안함으로 날 바라봐주면서 솔직하면 그렇게 상처받을 일도 없을 테고 누구에게 상처줄 일도 없이 살 수 있을 것이다.

혼자 있는 시간을 가지면서 나에게 집중하고 나를 바라봐 주는 일을 수년간 하면서 얻은 결론은 괜찮은 척, 잘 살고 있는 척 애쓸 필요도 없고 그렇다고 내 탓이 아니라고 내 잘못이 아니라고 스스로에게 셀프 위로가 대세인 흐름에 너무 민감할 필요도 없고 나를 있는 그대로 직시하는 관심이 필요했다는 것이다.

유치하든 슬프든 기쁘든 화나든 간에 내 마음의 진심을 알아차리고 그것을 다독일 수 있는 나에 대한 '진짜 관심'이 내가 나에게 허락하고 싶은 자존감이 아닐까 생각했다.

알고 봤더니 나는 나를 지독히도 아끼는 사람이었다.

단순히 생존본능을 넘어서서 정말 잘 살아보고 싶은 욕심이 많은 욕심쟁이였던 것이다. 욕심이 많아서 그렇게 몸부림치며 무리 속에도 있어보고 혼자도 되어보고 참이도 보고 눈물도 펑펑 흘려보고 두려움도 많았던 것이다. 세상을 알아차리고 남들을 알아차리기 전에 내가 나를 알아차리는 시간이 먼저였다.

잘 살아보고 싶은 나의 본능은 불완전한 나를 만나고, 있는 그대로의 자신을 받아들일 수 있는 나만의 시간이 필요했던 것일지도 모른다.

# 엄마가 혼자일 때

먹고 싶은 것도 필요한 것도 아무것도 없으니 아무것도 사오지 말라는 엄마에게 단팥빵을 사가지고 갔다. 오늘 따라 엄마의 얼굴은 부어 있었고 손은 더 떨리고 있었다. 단팥빵 한 조각을 뜯으시다가 손이 떨려서 떨어뜨렸다.

"이런 거 사오지 말라니까. 먹고 싶은 것도 아무것도 없다니까 왜 돈을 써."

"엄마, 여기가 왜 그렇게 싫어? 씻겨주고 밥도 차려 주고 목욕도 시켜주고 다 하는데 엄마 손 가게 하는 게 없잖아. 집 가면 얼마나 불편한데…."

"여긴 싫어."

"뭐가 가장 싫어?"

"혼자인 거 같아서…."

"사람들이 이렇게 주변에 많은데 왜 혼자인 것 같으셔?"

"몰라, 엄마는 그냥 혼자인 것 같아…."

사람 좋아하는 엄마는 혼자 줄곧 계시다가 혼자가 외로워서 마음의 병이 난 것인 줄도 모른다. 죽어가는 화초에 말을 걸고 그러다가 화초를 살리기도 하고 화초를 기특해하며 칭찬도 하다가 말라가는 생명을 살린 스스로를 대견해하며 식물에게 정을 붙이기도 하셨을 것이다.

새벽마다 성모 마리아에게 한 시간씩 중얼중얼 기도를 하고 아침에는 커피를 한 잔 하고 멀뚱멀뚱 누워 계시다가 어둠속으로 가라앉는 것 같은 노후의 일상을 혼자서 감당해내며 불안해했는지도 모른다.

어느 순간부터 TV가 시끄럽다는 엄마는 드라마조차도 일절 보지 않았다. 엄마가 사는 빌라의 공간은 고독하고 적막했을 것이다. 매일 전화 오는 딸에게서 혹여 하루라도 안부가 지나치면 걱정하고 초조해했던 것은 자신이 진짜 혼자가 되는 것 같아서 덜컥 겁을 내어 그렇게 쓸쓸해했는지도 모른다.

혼자가 고독해서 병이 난 엄마는 지금도 다시 혼자임을 깨닫고 두려워하고 있는지도 모른다.


엄마가 혼자일 때, 쓸어 모아진 가을 낙엽 같은 쓸쓸한 마음으로 노년의 하루하루를 쓸쓸한 집에서 견뎌내고 있을 때, 딸인 나는 성장기인 아들과 치열하게 전투하며 혼자라고 느끼고 있었을 것이다.


아들에게 전화를 했다. 낮과 밤이 바뀐 아들은 지금쯤 자고 있는지 전화를 받지 않는다. 번잡한 서울이 싫다는 아들은 집에 오면 집 냄새가 좋다고 했다. 비로소 고향에 온 듯 마음이 편안하다고 했다.

서울에서 조용히 음악작업만 하는 아들의 일상은 주로 혼자였다. 그렇게 줄곧 혼자만 있으면 외롭지 않냐고 물어보면 서슴없이 외롭다고 했다. 그럼에도 멈출 수 없다면 외로움은 선택의 문제이니 감당해내면 그뿐이다라고도 했다.

엄마가 혼자일 때 아들도 혼자서 책임져야 할 외로움을 받아들이고 있을 것이다.

으르렁거리며 서로 힘들어 하던 그 시절들이 지나고 나니 어느덧 친구처럼 든든하게 다가오는 녀석이다. 곰의 유전인자가 흐르는 거 아니냐며 의심어린 눈초리를 보냈던 무뚝뚝한 아들이었는데 이제는 거리에서도 엄마가 원하면 싱긋 웃으며 같이 셀카를 찍어준다.

웬만한 딸들도 안 해주는 것을 한다고 말하면서도 한 번의 거절도 없이 같이 포즈를 잡아주는 녀석이 기특하다.

구순열이던 아들이 랩을 한다. 속사포처럼 빠르게 소리를 쏟아낸다. 내가 보기에는 기똥찬 가사에 라임을 넣고 비트를 실어 자기만의 음악을 만든다. 아들이 지금 혼자임은 자신이 만든 소리를 훗날 누군가들과 함께하고 싶어서일 것이다.

누군가들이 알아주지 않아도 아들이 내는 음악소리는 나에게 이미 멋지다.


지금 엄마의 혼자는 엄마가 예상하지 못했던 혼란이었을 것이다.

그럼에도 받아들여야 한다면 어쩔 수 없이 엄마의 무게다. 내가 대신 해줄 수 없는 짐이라면 슬퍼하거나 마음 아파 할수록 엄마를 위한 것이 아니고 자기연민으로 빠져드는 감정의 도망자리라는 것을 어쩌면 알고 있다. 해야 할 일이 목까지 차올라 있으면서도 잠으로 도망치려고 수면제라도 먹고 싶듯이 요양원 가는 버스에서 도중에 내려 들어가지 않고 커피를 마시며 음악을 듣곤 했다. 엄마를 보기 위해 버스를 탔고 엄마를 보지 않으려고 버스에서 내렸다.

혼자일 때 드는 생각은 우리는 본질적으로 혼자다.
동시에 본능적으로 사람이 그립다. 혼자라는 것은 혼자임과 더불어 함께이다. 혼자이기 때문에 누군가를 사랑하려 하고 사랑받고 싶어 한다.
우리가 사는 이 세상은 거대한 유기체 같다는 느낌이 들었다. 내 몸에 있는 하나하나의 세포들이 각기 다른 기관들과 연결되어 각자의 자리에서 조화롭게 살아가야 하는 것처럼 철저히 혼자가 되는 것은 불가능했다. 모두가 신경처럼 연결되어 있으며 공감과 소통을 일용할 양식처럼 삼아야 성장할 수 있는, 어쩌면 혼자이고 싶어도 사실은 혼자일 수 없는 운명적인 세포 조직 같은 것일지도 모른다.

아름다운 감정이라고 말하는 사랑도 그렇다
그 누군가를 순수하게 사랑하기 보다는 그 사람을 사랑하는 나를 사랑하는 것은 아닐까? 사람을 사랑하는 게 아니고 내가 사랑하는 사랑을 사랑하는 것일지도 모른다.
내가 사랑하는 모양이 깨졌을 때 그 사람은 멀어진다. 순수한 척하

는 사랑은 지극히 일순간이고 내가 사랑하는 사랑의 모양을 만들다가
그 모양이 어그러지면 그렇게 다시 또 혼자가 된다.

진정한 혼자는 진짜로 혼자임을 받아들여야 하지만 고독하고 외
롭다고 느껴지면 그것은 이미 누군가와 함께하고 싶은 욕망의 숨은
그림자일 뿐이다.
나에게 있어서 '혼자'는 어쩌면 사람들과 함께하고 싶은 마음 뒤
켠에 숨어있는 그리움이자 잠시 쉬어가는 휴식처 같은 것일지도 모
르겠다.

노을이 번진다.
그렇게 또 붉어지는 해질 녘 하늘이 나의 시선을 멈추게 한다.

# 마치는 글

주변을 온통 노랗게 빨갛게 물들이던 가을이 저물어간다. 들이대면 풍경이던 곳곳이 다른 색깔로 번져간다. 바스락거리던 폭신한 낙엽마저 깨끗이 청소가 되어 이제 가을을 보내야 한다는 것을 또렷하게 일깨워주고 있다.

버스를 타고 20분만 가면 도심지 언저리에 작은 수목원이 있다. 올가을엔 살다시피 자주 가서 벤치에 앉아있다 오곤 했다. 나무들의 때깔이 점점 짙게 물들어가며 바뀌어가는 것을 보다가 수목원의 품 속에서 시간을 잊고 몇 바퀴를 돌기도 했다.

가을이 깊어갈수록 눈이 호강하는 것을 느꼈다. 혼자서 있는 숱한 시간들을 함께해준 것에는 커피도 있고 음악도 있고 떠도는 무수한 생각도 있을 테지만, 가을이 내게 주던 그 따뜻한 풍경들은 올해 유난히 특별했다. 눈을 감는 시간이 많아졌고 생각이 멈추어지고 숨을 편안하게 들이쉬는 순간들이 많았다. 가을이 주는 온도와 공기와 햇살 덕분에 마음도 몸도 쉬어가는 여유로운 경험이 더 풍성해졌다. 나이의 숫자가 늘수록 내가 점점 깨우치는 게 있다면 어떤 문제가 생겼을 때 외부에서 원인을 찾는 게 아니고 내 안에서 찾으려고 하는 관점의 변화이다.

변화란 내가 바뀌는 것부터 시작하는 게 아니고 진짜 내 모습을 아는 것부터 시작해야 한다고 생각한다. 자기가 진짜 어떤 사람인지 어떤 모습인지 모르고 시도하는 변화는 더 갈증으로 시달릴 것이다. 사람들에게 둘러싸여만 있는 사람은 자신을 돌아보고 참마음을 들여다볼 시간이 많지가 않다. 사람들의 평가와 칭찬과 인정에 급급해 그들이 원하는 모습으로 자신을 변화시키려 점점 더 애만 쓸지도 모른다.

나에게 혼자 있는 시간은 외부와의 단절이 아니다. 어쩌면 외부와 좀 더 성숙하게 친해지고 싶어서 자신을 단련시키는 과정 중의 하나였을 것이다. 상처받기 싫어서 혼자만 고집하면 상처투성이인 세상에서 혼자를 빠져 나올 구실이 없다.

처음에는 공감하지 못해서 혹은 상처받기 싫어서 혼자를 선택했다지만 혼자인 시간에는 상처받아도 단단하게 단련되어 괜찮을 수 있기를 바라는 트레이닝 기간이기도 했을 것이고, 상처를 주어도 그것이 큰 상처가 되지 않고 툭툭 털며 덤덤한 새살을 돋게 해주는 마데카솔 같은 처방을 공부하는 시간이기도 했을 것이다.

《엄마도 때론 혼자이고 싶다》는 누구의 엄마로서 누구의 딸로서 종종 혼자이거나 혼자이고 싶은 사람들에게 손을 내밀어 잠시 쉬었다 가도 괜찮을 거라고 말하는 나의 마음이기도 하다.

내가 마셨던 카페인 양만큼 혼자서 들이켰던 그 많던 생각의 씨앗들이 어느 순간 조밀하게 뭉쳐졌다가도 덧없이 흩어진다. 생각을 많이 해본 결과 생각을 많이 하면 생기는 일은 행동을 뒤로 미루는 일이다. 행동하지 않는 생각들은 고뇌한 시간들에게 미안하리만치 덧없이 흩어진다. 점점 단순해지기로 결심한 나는 생각이 새끼를 치기 시작하면 노래를 따라 부른다. 생각의 틈을 주지 않고 나를 몰아붙이다 보면 어떤 단순무식한 행동이 나오곤 하는데 때론 그것에 뿌듯한 희열을 느낀다.

인생 별거 없는 것 같다가도 별거 있다. 별것은 내가 그냥 선택하면 되는 것뿐이다. 선택하지 않으면 별거 없고 선택하면 별거가 되기도 한다.

오전 내내 어느 강연을 듣느라 엄마의 전화를 못 받았다. 부재중 30통화가 와 있었다. 전화를 걸려는 순간 다시 전화가 왔다. 요양원이었다. 딸이 전화를 안 받는다면서 무슨 일이 생긴 것은 아닌지 걱정이 돼서 안절부절못하다가 급기야 1층까지 내려와 사무실에 있는 직원에게 전화 좀 해달라고 부탁한 모양이었다. 3시간 동안 받지 않는 30통화를 계속 하면서 엄마는 그 시간 내내 불안해하고 있었을 것이다.

"아유, 아무 일 없으니 되었어. 엄마가 얼마나 걱정이 되던지 입이 바짝바짝 말랐다. 이제 잠 좀 잘란다."

요양원에서 전화를 대신 해주신 분이 한마디 했다.

"아이고, 따님이 힘드시겠어요."

점점 마음이 아파지는 것이 무뎌져가는 것 같기도 하고 어느 순간 훅 하고 뭉클하게 올라오는 것 같기도 하고 엄마를 생각하면 여전히 고요하게 마음이 머물지를 못하지만 나는 점점 조금씩 편안해지고 있다.

편해지고 싶었다. 친정엄마라는 그 숨 막히는 이름 안에 갇혀서 내가 숨을 잘 못 쉬고 있는 것만 같아 뛰쳐나오고 싶기도 했었다.

그리고 엄마가 그리웠다.

엄마는 나에게 여전히 그립고 아픈 존재다.

엄마의 인생을 다 이해하지는 못했지만 한 아이의 엄마로서 그리고 여자로서 살아보니 그때의 엄마 마음이 어떤 것은 이해가 되기도 하고 저절로 알아지기도 한다.

해가 뉘엿뉘엿 저물어 간다. 다시 파란 시간이다.

지금 각자의 공간에서 외롭거나 혹은 혼자라고 느끼는 누군가들에게 당신은 혼자가 아니라고 말하고 싶다. 적어도 혼자라고 생각하는 사람들이 세상에는 부지기수이니까 혼자인 우리들은 혼자가 아니다.

더 덤덤하게 세상을 대하는 마음이 생기기까지 혼자여서 고독한 시간들은 기꺼이 내 몫이려니 생각한다.